U0330452

Reigniting Growth

重启增长引擎

企业如何走出经营困局

彭玉冰 著

中山大學出版社
SUN YAT-SEN UNIVERSITY PRESS
·广州·

图书在版编目（CIP）数据

重启增长引擎：企业如何走出经营困局 / 彭玉冰著．—广州：中山大学出版社，2023.8
ISBN 978-7-306-07839-1

Ⅰ．①重…　Ⅱ．①彭…　Ⅲ．①企业经营管理—研究—中国　Ⅳ．① F279.23

中国国家版本馆 CIP 数据核字（2023）第 116227 号

CHONGQI ZENGZHANG YINQING —— QIYE RUHE ZOUCHU JINGYING KUNJU
重启增长引擎 —— 企业如何走出经营困局

出 版 人：王天琪
策划编辑：王延红　姜星宇
责任编辑：姜星宇
封面设计：周美玲
责任校对：蓝若琪
责任技编：靳晓虹
出版发行：中山大学出版社
电　　话：编辑部　020-84110283，84110779，84111997，84113349
　　　　　发行部　020-84111998，84111981，84111160
地　　址：广州市新港西路 135 号
邮　　编：510275　　　　传　　真：020-84036565
网　　址：http://www.zsup.com.cn　　E-mail：zdcbs@mail.sysu.edu.cn
印 刷 者：佛山市浩文彩色印刷有限公司
规　　格：880mm × 1230mm　1/32　8.125 印张　183 千字
版次印次：2023 年 8 月第 1 版　2023 年 10 月第 2 次印刷
定　　价：48.80 元

作者简介

彭玉冰　安徽合肥人。安徽工业大学机械工程专业学士、合肥工业大学管理科学与工程专业硕士、中国人民大学管理学博士、中山大学工商管理博士后。早年执教于广东财经大学管理学院，曾在美国哈佛商学院（Harvard Business School）、法国欧洲高等商学院（ESCP Europe）有过短暂学习经历。先后担任过科龙集团人力资源总监、科龙集团六人临时管理小组成员，立白集团运营副总裁，正邦集团运营副总裁兼种猪公司总经理，铂涛集团高级副总裁兼品质生活事业群总裁等职务，有着三十余年企业管理实践与理论研究经历，二十余年大型民营企业高管经验。参与和主导诸如科龙集团、美菱电器等众多失速企业的重启增长引擎，以及东莞市政府实施的部分企业规模与效益“倍增计划”项目，取得了良好的经济和社会效益。

曾任中国人民政治协商会议第九届、第十届佛山市委员会常务委员，佛山市人力资源协会首届会长，广东省人力资源协会首届副会长，广东省企业文化协会副会长，中国人力资源研究会副会长，中山大学管理学院MBA专业学位校外导师、教育发展顾问等。在《世界经济文汇》《学术研究》等学术期刊发表文章20余篇，出版个人专著《企业再造——中国企业并购后整合七大策略》（中山大学出版社，2006年）。现为广州华顾企业管理咨询有限公司联合创始人、董事长，广东东升控股集团有限公司联席总裁，佛山市国有资产监督管理委员会市属企业兼职外部董事。

内容提要

失速是企业发展过程中难以避免的现象，表现为营业收入和利润短时间内大幅度下滑，甚至跌入亏损的深渊。多数的成功企业最终都会面临失速这一可预见性危机，在众多遭遇过失速的企业中，甚至包括松下、索尼、马自达、时代华纳、家乐福、飞利浦、阿尔卡特–朗讯等世界知名企业，以及恒大集团、海航集团、汉能集团、方正集团、紫光集团等中国知名企业。相关研究表明，失速主要袭击那些已经成功规模化、正在与复杂性做斗争的企业，虽然领导层知道企业正在失去动力，但是，当他们再次使用过去成功驱动企业加速发展或者调整企业发展方向的方法时，却发现效果甚微。

令人警醒的是：企业一旦到达失速点，只有不到4%可以重启增长引擎，其他企业都将在失速中“像石头坠落一样”急速衰亡。导致企业失速的原因有很多，但根本原因是企业战略失误以及经营管理不善等内部管理问题。企业如何避免失速发生？或者，当失速不可避免地降临时，企业如何重启增长引擎？这已成为中外企业管理的痛点和难点。本书通过对五十多个中外企业案例的分析与研究，系统地论述了企业失速产生的原因和机理，以及重启增长引擎的理论和方法，兼具学术性、实用性和操作性，对于当下中国企业如何走出战略歧途、经营困局和管理迷思，具有现实指导意义。本书适用于企业家、企业高管、高校企业管理专业老师及研究生、企业管理咨询师及职业经理人等阅读。

序一

李宝山

（中国人民大学商学院教授、博士生导师）

当前，我国很多企业都面临着增长的压力。许多优秀企业因为多元化不当，抑或内部管理不善而陷入失速危机，甚至被迫破产重整，令人惋惜！在破产重整的企业中有不少是行业里的佼佼者，发展至今耗费了企业家几十年的心血，然而，由失速到破产仅仅只是一瞬间的事。这不仅是对社会资源的极大破坏，也是企业家个人的巨大损失。失速像幽灵一般缠绕着企业，稍有不慎，企业家辛苦打拼成功的事业将毁于一旦。“如何防范失速发生？”已经成为企业家最为关注的问题。可喜的是，彭玉冰博士的这本新书为失速企业提供了解决方案。

本书从失速之殇、业务聚焦、组织转型、执行力打造、文化重塑和创新创业六个方面，系统论述了企业失速产生的原因以及重启增长引擎的具体方法。这是国内外第一部关于失速企业重启增长引擎的专著。国内学术界对于失速企业的研究并不多，这方面的理论成果尤为少见，更遑论有系统的解决方案。国外关于失速企业的研究文章不少，但主要集中在失速现象的分析与归纳，缺少重启增长引擎的具体方法，也没有这方面的专著问世。彭玉冰博士通过对50多家中外知名企业案例的分析和研究，为读者揭示了重启增长引擎的底层逻辑和适用方法。对于当前正陷入失速危机中的企业来说，这部书无疑是“一剂良药”。同时，对于虽未失速但希望业绩倍增的企业来说，这部书同样开卷有益。

彭玉冰博士在工作繁忙之余，还能笔耕不辍，对自己在企业管理实践中的经验和方法进行总结和分享，精神可嘉！这与他一直以来对自己的严格要求密不可分。我期待他未来有更多的研究成果呈现给广大的读者，为我国企业管理的理论和实践做出更多、更大的贡献。在此，向彭玉冰博士表示祝贺！

序二

毛蕴诗

（中国人民政治协商会议第十至十二届全国委员会委员、
广东省人民政府原参事、中山大学管理学院前院长、教授）

近年来，我国各地先后有20多个省的“首富”纷纷“坠落”，秒变成为“首负”，一批行业的优秀企业因为失速而被迫破产重整。虽然导致这些企业失速的原因是流动性短缺，但根源却是企业经营管理不善。这些企业盲目进入自己不具优势的新领域，过度多元化不仅使其失去了原有的竞争优势，而且连累了主营业务的发展。加上企业内部管理不力，无法对多元化业务进行有效监管，致使企业实际上处于失控状态。随着2018年我国经济进入实质性调整，这些企业直接由巅峰跌入谷底，企业家辛苦几十年打下的“江山”瞬间坍塌，教训惨重！

失速是企业经营过程中难以避免的现象。无论是著名跨国公司，还是中国知名企业，概莫能外。彭玉冰博士这部新书系统地论证了导致企业失速的根本原因：不在于战略失误、商业模式突变、多元化不当、行业价值转移、产业政策变化及企业代际传承不顺等外部因素，而是企业内部管理问题。虽然外部因素是引爆企业失速的导火索，但最终决定是否失速的关键在于企业能否保持足够的敏捷性和灵活性，以及能否及时对外部市场的变化做出准确决策和快速反应。

彭玉冰博士在做我的博士后期间，就已经开始涉足失速企业的重启增长引擎工作，经他之手的失速企业基本上都在一年之内重启增长引擎。他不仅在失速企业重启增长引擎方面积累了丰富的理论知识和实战经验，而且在非失速企业实现业绩倍增方面同样取得了很好的经济和社会效益。这部书是彭玉冰博士多年以来管理实践的经验总结，也是他职业生涯的精彩回顾。在我国当前的经济形势下，我相信这部书可以帮助众多的失速企业走出经营困局，以及希望“业绩倍增”的企业快速实现良性增长和健康发展。

目录

第一章
失速之殇

众所皆知，飞机飞行靠升力。当飞机飞行过程中产生的升力小于飞机所受重力时，就会出现失速现象，表现为飞机瞬间急剧下沉，并伴随着失控、俯冲以及剧烈的颠簸。此时一旦处理不当，就会机毁人亡。企业在经营过程中也会出现类似飞机失速的现象，表现为企业营业收入和利润短时间内大幅度下滑，甚至出现负增长。企业一旦到达失速点，如果不立即采取行动，很快便会衰亡。所有失速企业的陨落轨迹都证明了一个简单的道理：增长是企业的永恒主题。

当下，“增长，还是死亡？”已经成为人们在判断一个企业是否能够存续下去时，必然做出的一个非此即彼的选择。可口可乐公司于2017年取消了设置26年之久的首席营销官（Chief Marketing Officer，CMO）职位，改设首席增长官（Chief Growth Officer，CGO）一职，统筹公司的发展战略、市场营销和客户管理等，以强化并确保企业可持续增长。日本美妆“巨头”资生堂集团也于2018年设立了首席增长官职位。一时间，“增长”成为这些跨国公司最为关注的问题，首席增长官也成为这些跨国公司最有价值的王牌职位。

增长是企业生存与发展的必然选择。虽然增长并不意味着发展，但是，增长是企业发展的硬道理，是企业生命力和健康态的重要指征。只要业绩在增长，企业就有希望，员工就有信心，企业的很多问题就可以在增长中得到缓解，并为最终解决问题赢得时间。所谓“增长遮百丑，增长解千愁”。反之，企业一旦停止了增长，就会“百病丛生”，很多问题和矛盾就会异常突出，解决起来也非常棘手。

随着企业规模和复杂性的不断增加，维持企业增长的敏捷性和灵活性在逐步减弱，不断加深的官僚主义风气和内部的功能障碍，侵蚀着企业的增长引擎。直到失速突然降临时，增长便戛然而止。研究发现，企业一旦到达失速点，只有极少数能够重启增长引擎，绝大多数企业都将归于沉寂，直至最后消亡。失速是企业发展过程中难以避免的现象，但失速并非完全不可预知，加强企业内部管理是预防和根治失速的根本途径。

一、企业失速是大概率事件

2016年3月，贝恩咨询公司波士顿办事处合伙人克里斯·祖克（Chris Zook）及高级合伙人詹姆斯·艾伦（James Allen），在《哈佛商业评论》（中文版）上发表《只需三步：重启公司增长引擎》（“Reigniting Growth”）一文。文章认为：多数成功的企业最终都会面临“失速”（stall-out）这一可预见性危机——企业收入和利润的增长率突然大幅下跌，甚至陷入停滞；或者曾经颇高的股东回报突然大跌，甚至跌到远低于资本成本。失速主要袭击那些已经成功规模化、正在与复杂性做斗争的企业。不断加深的官僚主义风气和内部的功能障碍威胁着推动企业发展的引擎，失速折磨着原先平稳发展的成功企业，这是一个令人困惑的危机。虽然领导层知道企业正在失去动力，但是，当他们再次利用过去成功驱动企业加速或者调整方向的方法时，发现并没有什么效果。他们知道有些事情不同了，但是组织的复杂性使得他们难以弄清楚到底是什么地方不同，以及应该怎么做才能应对这种突如其来的变化。由此可见，失速是一种可预见但非常危险的企业经营危机。

贝恩公司在追踪全球8000多家企业绩效时发现，年收入在5亿美元以上的企业中，有三分之二在2013年之前的15年里遭遇过失速。在这些失速企业名单中，甚至包含松下、时代华纳、家乐福、百时美施贵宝、阿尔卡特-朗讯、飞利浦、索尼和马自达等世界知名企业。在这些被失速袭击过的企业中，只有不到七分之一能够恢复其市场领导力和以前的发展势头。令人警醒的是，失速都发生得很突然。

贝恩公司研究显示，50家处于失速状态中的大型企业在短短几年时间里就失去了增长动力，然后便快速衰退下去。这些失速企业的增长率通常从两位数骤然跌至较低的个位数，甚至负数（见图1）。

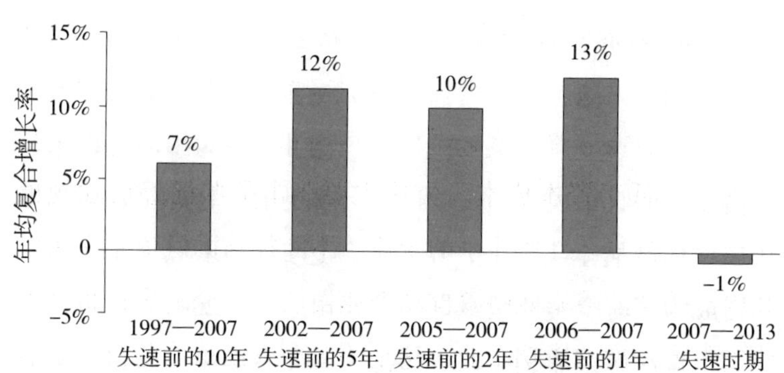

图1　1997—2013年市值最大的50家企业收入年均复合增长率

【数据来源】韩微文、丁杰：《伟大的公司如何迷失了它们的方向？》，《家族企业》2017年第5期，第62-64页。

2021年，广州华顾企业管理咨询有限公司对深交所主板上市公司中的504家企业进行研究时发现：因为主营业务增长乏力，被动或主动进行资产重组且主营业务被置换掉的企业有178家，被强制退市的企业有50家。这两部分企业之和占到504家上市公司的45.2%。这还没有考虑在同一个股票代码下发生多次并购重组，以及主营业务被多次置换的情况。在这504家企业中，一直没有发生过并购重组，或者即便发生过并购重组但依旧保留主营业务的企业有276家。其中，出现过一次及以上退市风险警示（*ST）的企业有93家，占504家上市公司的18.5%；余下183家企业没有出现过退市风险警示这类严重失速现象，但是，不排除这部分企业短时间内业绩有过剧烈波动。此外，这504家上市公司的平均上市时间为21年。不难看出，在深交所主板上市的504家企业当中，至少有63.7%的企业发生过失速。华顾咨询公司这一研究结果与前文贝恩咨询公司的研究结果比较吻合。

CEB咨询公司早年调查美国上市公司在50年里的失速情况时发现，失速企业的增长率不是逐渐下降的，而是像石头掉落一样急速下降。戴尔（Dell）公司自1984年成立以来，凭借特有的直销模式，发展速度异常迅猛。1999年，戴尔电脑销量已跃居全美第一，年销售额达到200多亿美元，戴尔公司成为当时全美业绩最好的大公司之一。2001年，戴尔电脑销量首次超过康柏（COMPAQ）成为全球第一，并在此后连续6年雄踞全球市场占有率第一的位置。然而，自2007年开始，戴尔电脑销量便开始逐年下滑，仅仅6年时间，戴尔电脑的全球市场占有率就由2006年的15.9%下降到2012年的10.7%（见表1），降幅达32.7%，市占率位居惠普、联想之后。直到2013年2月戴尔公司宣布退市之时，其市值已跌至244亿美元，相较于1999年的最高市值，缩水了78%。仅在2013年一年内，戴尔公司的净利润就较上年同比下降了32%。戴尔公司用17年时间登上全球市场占有率第一的位置，却仅用3年时间就降为全球第三。戴尔公司的失速案例揭示一个严酷事实：即便是全球第一品牌，也挡不住失速的巨大冲击。

表1　个人电脑品牌全球市场占有率统计数据（2006—2012年）

排名	2006年	2007年	2008年	2009年	2010年	2011年	2012年
1	戴尔 15.9%	惠普 18.1%	惠普 18.2%	惠普 19.1%	惠普 17.9%	惠普 16.6%	惠普 16.1%
2	惠普 15.9%	戴尔 14.2%	戴尔 14.1%	宏碁 12.9%	宏碁 13.9%	联想 12.5%	联想 14.9%
3	宏碁 7.6%	宏碁 9.7%	宏碁 10.6%	戴尔 12.1%	戴尔 12.0%	戴尔 11.7%	戴尔 10.7%

【数据来源】华顾咨询公司整理。

富贵鸟股份有限公司是中国一家从事皮鞋、皮具、服饰等研发、生产与销售的知名企业，曾经是国内第三大商务休闲鞋品牌。主要产品“富贵鸟”皮鞋多次获得“中国真皮鞋王”“中国驰名商标”荣誉称号。公开数据显示：富贵鸟鼎盛时期，在全国拥有3195家零售门店。2013年，富贵鸟在香港上市，登上了该公司发展的历史巅峰（见表2）。但是，自2015年开始，富贵鸟业绩连年下滑，陷入为期5年的失速期。2016年，富贵鸟营业收入和归属于母公司股东的净利润（下文简称“归母净利润”）分别较上年同比下降了26.6%和57.8%。到2017年年中，富贵鸟营业收入和归母净利润又分别较上年同比下降了48.1%和107.7%。直到2019年8月，富贵鸟正式宣布破产之时，已经负债30.82亿元。一代“鞋王”黯然退场。

表2　富贵鸟经营业绩统计（2012—2016年）

指标	2012年	2013年	2014年	2015年	2016年
营业收入/亿元	19.33	22.95	23.23	20.32	14.92
归母净利润/亿元	3.24	4.44	4.51	4.00	1.69

【数据来源】上市公司年报。

富贵鸟失速的原因是企业内部管理失控以及对商业规则的漠视。违规担保、违规拆借和盲目对外投资，导致富贵鸟巨额资金无法收回。公开数据显示：在差不多3年时间（2015—2017年）里，富贵鸟在各类项目上的投资总额超过49.9亿元，其中包括矿业公司、P2P公司、小额贷款公司等。而投资失误致使40多亿元无法收回，给富贵鸟带来了巨大经济损失。富贵鸟原本希望通过金融投资赚“快钱”，没想到最后却反受其害，造成巨额债务危机，严重打击了原本就脆弱的主业经营。历经2次重组失败之后，富贵鸟不得不申请破产重组。富贵鸟在28年的发展历程中，从起家到鼎盛花了24年时间，由鼎盛到破产却只用了不到4年时间。即便如此，富贵鸟还不是失速最快的企业，HN公司从鼎盛到失速，前后仅用了20分钟。

HN公司[①]是中国一家全球化的清洁能源公司，全球薄膜

① 本书部分公司采用化名。

太阳能发电的领导者，致力于“用薄膜太阳能改变世界”。HN公司港股市值曾经一度高达3000亿港元，公司创始人在2015年以1600亿元身家跻身中国“首富”，是名副其实的中国“能源大亨”。然而，就在2015年5月20日这一天，在短短20分钟之内，HN公司股价跌幅接近47%，市值瞬间蒸发1440亿港元。历经此次股价暴跌，香港证监会勒令停止“HN薄膜发电”的股票交易并不得复盘。此事直接导致HN公司2015年亏损超122亿港元，差不多是其前4年盈利总和的2倍。之后，HN公司便一蹶不振。企业资产遭查封拍卖、员工讨薪不断、总部被迫拆迁、企业多次申请破产清算未果，HN公司失速已是不争的事实。

1998年发布的研究报告《失速点》（“Stall Points”）对1955—1995年《财富》500强排行榜上的172家企业进行研究时发现，其中只有5%的企业能够维持真正意义上的“跟上了通货膨胀脚步”的增长率。在整个研究期间，这5%企业的年平均增长率超过了6%。余下95%的企业，当增长率达到某个固定点时就停滞不前，而这个点甚至还没有达到国民生产总值（GNP）的增长水平。真正令人惶恐的是，在这些到达失速点的企业当中，只有4%的企业能够成功重启增长引擎。这就意味着，企业增长一旦停滞了，想要东山再起，几乎是一件不可能的事情。

哈佛商学院教授、被誉为“颠覆式创新之父”的克莱顿·克里斯坦森（Clayton M. Christensen）认为：在每10家企业中，大约只有1家企业能够维持良好的增长势头，从而可以回馈给股东高于平均水平的投资收益。另外一项研究结果显示，1917年《福布斯》杂志评选出的美国企业100强，到1987年已有61家企业破产。在另外的39家企业中，仅有18家企业仍然留在100强榜单，其中包括我们耳熟能详的柯达、杜邦、通用电气、福特、宝洁等。然而，在这18家企业中，只有2家企业的投资回报率高于市场平均水平，其余企业的投资回报率居然比市场平均投资回报率还要低20%。也就是说，福布斯创刊时的美国百强企业中，只有2%的企业能够跑赢整个市场“大盘”，其他企业都不同程度地受到了失速的困扰，有的企业则在失速中逐步被市场抛弃，最终走向衰亡。

华顾咨询公司研究发现，2001—2019年中华全国工商业联合会发布的中国民营企业100强，到2019年，已经有23家企业因经营不善而直接破产或被并购重组，最终彻底消亡。在余下77家企业中，仅有5家连续19年登上百强榜单，另有5家虽然中间出现过短暂失速，但又很快重回百强榜单。其中，万向集团2006年跌出百强榜单，2019年再次回归，间隔时间长达13年。正泰集团、吉利控股集团、三一集团和碧桂园集团在先后跌出百强榜单后，分别时隔2年、3年、4年和6年回归，这5家企业平均回归时间是5.6年。值得一提的是，中国民营企业100强的入榜门槛即营业收入由2001年的11.5亿元增加到2019年的673.4亿元，19年间增长了近58倍。由此可知，在2001—2019年中国民营企业100强中，只有5%的企业能够始终跑赢百强榜“大盘”，一直保持着高速发展态势；另有5%的企业虽然有过平均5～6年的短暂失速期，但重启增长引擎后又能够快速追上来；而余下90%的企业不是失速，就是消亡。

总之，企业一旦失速，只有极少数能够重启增长引擎，绝大多数都将处于“熄火”状态——不是在原地艰难徘徊，就是一路下滑，远离主流市场而去，最后彻底消亡。中外企业失速具有一致性，在为期15年（1998—2013年）的观察时间里，有三分之二的企业发生过失速，其中只有不到七分之一的企业能够重启增长引擎。在为期19年（2001—2019年）的观察时间里，有5%的企业能够始终跑赢“大盘”，另有5%的企业虽然有过短暂失速，但很快又能重启增长引擎，余下90%的企业不是失速就是死亡。在为期40年（1955—1995年）的观察时间里，只有5%的企业能够保持6%以上的增长率，其余95%的企业在增长率到达一定值时就停止了增长。在到达失速点的企业中，只有4%可以重启增长引擎。在为期70年（1917—1987年）的观察时间里，只有2%的企业始终能够跑赢“大盘”，其余企业都不同程度地经历过失速期，逐步被市场淘汰，最终走向衰亡。不难看出，随着观察时间的不断延长，失速企业的数量越来越多，而能够重启增长引擎的企业却是越来越少。上述研究结论同时也揭示了百年企业稀缺的原因所在。

二、企业失速及其原因解析

失速对于企业来说，就如同疾病对于人一样，真正无疾而终的人只是极少数，完全不受失速侵扰的企业也并不多见。虽然疾病与人的遗传基因以及居住环境有关，但不容否认的事实是：个人在衣、食、住、行方面的不良生活习惯是导致疾病的主要原因。同理，企业没有实现增长目标的主要原因不在于企业外部，而在于内部。

中外企业的失速原因大抵相同：一是战略决策失误使企业陷入经营困境，二是经营管理不善导致企业与市场渐行渐远。战略决策失误的原因是企业缺失或没有严格执行战略决策流程和标准；而经营管理不善的原因则是企业内部管理混乱，企业没有为应对快速变化的市场做好应有的准备，以至于其在市场发生变化时无所适从。虽然过度多元化、商业模式突变、行业价值转移、产业政策变化、企业代际传承不当等都会导致企业失速的发生，但是，引发企业失速的根本原因还是企业内部管理问题。

1　战略失误与失速

美国铱星公司（Iridium）由于战略定位失误，使得其耗资50多亿美元建造的由66颗低轨道卫星构成的铱星系统无法进行商业运营，被迫在投入运营2年后宣告破产。电路城（Circuit City）曾是美国第二大消费类电子产品零售商，全球500强成员企业，其由于错估了市场趋势，放弃了传统电视和视频设备的销售，将经营重点转放在了大型电子产品上。这一战略失误导致电路城失去了重要的利润来源，并错失了数字化电视快速增长的机会，最终于2009年宣布破产。从20世纪90年代开始，诺基亚手机雄踞世界手机销量第一的位置长达15年之久。然而，随着智能手机兴起，诺基亚迅速跌落“神坛”。致使诺基亚失败的原因同样是战略失误——

诺基亚没能及时抓住移动互联网时代手机智能化的消费趋势，最终被苹果、三星等竞争对手打败。战略关系到企业发展的全局与未来，是决定企业经营成败的关键中的关键。在企业所有失误中，战略失误是最致命的。据统计，在全球大企业的破产倒闭事件中，约有85%是战略失误所致。

李宁公司是中国具有国际领先水平的体育用品生产商。2010年，李宁公司放弃了一直以来赖以成功的高性价比竞争策略，将企业目标客户群由60—70年代生人转向“90后”年轻人。同时，通过大幅度提高价格以拉近与国际品牌之间的价格差距，树立“时尚、酷、全球视野”的高端品牌形象。没想到此次战略调整的结果却是“新客户不认同，老客户不买单”。李宁公司由此陷入为期4年的失速期，营业收入由2010年历史峰值的94.6亿元下降到2014年的67.3亿元，降幅达到28.9%。自2012年开始，李宁公司更是连续3年亏损，累计亏损额达31.5亿元。面对严重失速的困局，公司创始人李宁于2014年重掌公司，随即进行战略修正和管理变革。李宁将公司定位由“体育装备提供商”改为“互联网+运动生活体验商”。同时，实施财务重组，产品、营销和体验创新，以及拥抱互联网等一系列变革。李宁对公司组织结构以及包括两任总裁在内的一批中高层管理人员进行调整和更换，关闭了亏损的线下门店，将部分门店改为品类店和体验店，积极拓展线上销售渠道。仅1年时间，李宁公司便扭亏为盈。年报数据显示：2015—2019年，李宁公司营业收入年均复合增长率达18.3%，年均销售毛利率达47.1%。显然，李宁公司成功重启了增长引擎。

然而，SC公司就远没有李宁公司那么幸运！20世纪90

年代，SC公司主营业务电视机曾经连续20年保持国内销量第一，国内市场占有率一度高达35%，是名副其实的“彩电大王”。2001年，SC公司错误地决定与美国APEX公司合作，将SC电视机贴上APEX品牌标签以打入美国市场。没想到此举不但没能打开美国市场，反而产生了近45亿元的巨额坏账，直接导致SC公司2004年亏损36.81亿元，这是SC公司上市以来的首次亏损。2006年，在电视机行业由显像管电视向等离子电视、液晶电视升级的十字路口，SC公司又错误地选择了等离子电视，先后在等离子电视项目上投资40多亿元，可是市场最终却选择了液晶电视。上述两次重大战略失误给SC公司带来了近85亿元的经济损失，SC公司也因此陷入了漫长的失速期。年报数据显示：2008—2022年，SC公司销售净利润率连续15年低于1%，年均仅有0.46%，基本上处于盈亏平衡的边缘。SC公司主营业务电视机的国内市场占有率也由曾经的行业第一下降到2021年的行业第六；公司市值由20世纪90年代最高值时的580亿元下降到2022年最低值时的118.6亿元，跌幅接近80%。SC公司失速已不言而喻。

战略失误引发的失速，需要通过战略调整来修正。这必然会引发企业在业务、组织、流程、人员及文化等方面一系列深刻且剧烈的变革。对于已经失速的企业来说，它所面临的风险、阻力和压力之大可想而知。战略调整很可能会造成企业营业收入大幅度下滑。变革其实就是对利益关系的重新调整，必然会遭到既得利益者的反对。如果变革的范围过广，变革的程度过深，尤其是当涉及关键岗位人员时，即便这种变革是必须的、正当的，也一定会遭到保守势力的强烈抵制。变革者很有可能遭到反噬而“壮志未酬身先死”。所以，失速企业的变革者如果不是企业创始人，那一定得是个“强人”，否则，变革难以成功。很多企业之所以在失速中慢慢衰亡，根源在于没有真正强势的变革者，所有不触及利益的变革都是徒劳的。

2 商业模式与失速

如今，企业间的竞争已不再仅限于产品和服务的竞争，更是商业模式的竞争，商业模式关系到企业的兴衰成败。20世纪90年代中期，网景浏览器（Netscape）的市场占有率一度超过90%，是市场上绝对的垄断者。可是，微软通过Windows操作系统免费捆绑IE浏览器的方式，仅用2年时间就打败了网景，导致网景最后被美国在线（American Online）收购。随着中国经济低成本发展时代的终结，产能过剩时代的来临，中国企业竞争不可逆转地进入商业模式的竞争。因为有了阿里巴巴、滴滴打车、爱彼迎（Airbnb）、开市客（Costco）等众多商业模式创新者的成功，所以，越来越多的人开始相信迈克尔·波特（Michael Porter）那句名言：“没有不赚钱的行业，只有赚不到钱的模式。”

以阿里巴巴、京东为代表的电商企业迅速崛起，成为中国传统销售企业的颠覆者。GM公司是国内最大的以门店销售起家的家电连锁销售企业之一，其2004年的营业收入为102亿元人民币，而同期京东营业收入仅有1000万元人民币，GM公司营业收入是京东的1020倍。但是到了2021年，京东营业收入增长到9515.9亿元人民币，而GM公司营业收入仅为464.8亿元人民币，京东营业收入是GM公司的20.5倍，前后如此巨大的反差只能用天翻地覆来形容。进一步研究发现，从2016年开始，GM公司营业收入连续4年下滑，由2016年的767亿元人民币下降到2020年的441.2亿元人民币，4年降幅达42.5%。2017—2021年，GM公司更是连续5年亏损，累计亏损额为193.2亿元人民币。2020年，GM公司宣布与电商企业拼多多达成全面战略合作关系，欲借此向电商模式转型。但是，转型结果并不理想。截至2020年底，GM公司当年实现营业收入441.2亿元人民币，较上年同比下降25.8%；归属于母公司的净利润为-69.9亿元人民币，较上年同比下降170%。虽然2021年GM公司营业收入较上年同比增长了5.36%——这是自2017年以来的首次增长，但是，归属于母公司的净利润则为-44.02亿元人民币。到2022年12月，GM公司市值由历史最高值时的1000亿港元下降到不足50.2亿港元，跌幅接近95%，失速的事实已是不容置疑。殊不知，GM公司创始人在2008年还第三次被胡润百富榜评为中国“首富”。然而仅仅过了14年，GM公司的命运就被彻底改写，不禁令人唏嘘不已！

与GM公司一直互为竞争对手的SN公司，同样是中国一家知名的家电连锁销售企业。SN公司自2004年上市以来，一直保持着较快的增长速度。2004—2019年，SN公司营业收入年均复合增长率达到25.3%。SN公司能够长期保持如此高速的增长并非偶然。早在2012年，SN公司就收购了红孩子公司，承接其母婴电商品牌“红孩子”和美妆购物网站“缤购”，借此向电商模式转型。2015年，SN公司与阿里巴巴进行全面战略合作，通过彼此间相互持股的方式加快向电商模式转型的步伐。年报数据显示，2014—2019年，SN公司营业收入年均复合增长率达到19.8%。虽然这个增速只相当于同期京东增速的一半，但却是GM公司同期增速的14倍。在电商“巨头”的疯狂压逼之下，SN公司还能够保持近20%的增速已实属不易。据统计：2018年，SN公司线上销售额占全年销售额的比率超过60%。到了2020年，这一占比已经接近70%。家电行业研究报告显示，2020年，SN公司销售额占到整个家电市场销售额的23.8%，位居中国国内全渠道第一。SN公司能够顺利实现传统连锁销售模式向电商模式的转型，并实现营业收入的快速增长，显然与其及时的转型决策密不可分。

商业模式变化虽然短时间内会影响企业的增速，但并不一定会引发企业失速，关键还是要看企业能否保持足够的敏捷性和灵活性，以及能否及时对外部市场的变化做出正确决策和快速反应。SN公司及时向电商模式转型，抓住了电商发展的窗口期，因而实现了快速增长。而GM公司由于创始人身陷囹圄，以及职业经理人内耗等内部管理问题，延误了商业模式转型的最佳时机，导致GM公司在2009—2020年这12年间营业收入几乎停止了增长。统计数据显示：在2019—2021年的3年间，SN公司的年均营业收入是2194.8亿元，为GM公司同期平均值的4.4倍。同样的市场、同样的生意，同样面临着商业模式的转型，两个互为竞争对手的企业却走向了截然不同的结局，究其根源，还是企业内部的管理问题所致。

3 多元化与失速

多元化是企业做大做强的必由之路，中外企业概莫能外。中国企业多元化呈现波浪式发展的特点，企业在追逐多元化的浪潮中前赴后继。其中有成功者，也有失败者，但失败者居多。从20世纪的巨人集团、德隆集团、三九集团等昔日“明星企业”，到近年来的方正集团、紫光集团、力帆集团等行业“巨头”，无一例外都败在多元化的路上。对于大多数中国企业来说，多元化通常是企业走下坡路的开始。多元化企业表面上看起来很风光，其实很多企业基本上处于失控状态，真正的成功者只是少数。企业追求做大做强的意愿本无可厚非，然而在中国，大而不强的企业随处可见，一大就垮的企业更是屡见不鲜。很多企业就是因为多元化不当，而最终失速甚至破产，教训极其深刻！

1978年，LM牙膏开创了中国中草药牙膏之先河。1986—2011年，LM牙膏产销量连续15年位居国产品牌第一，国内市场占有率最高时达到17%，仅次于佳洁士、高露洁两大国际品牌。2004年，LM公司成功登陆中国A股市场。在此之后，LM公司开始进入多元化发展阶段，以资本运作、精细化工、大日化和医药保健为主导，涉足口腔护理用品、洗涤用品、旅游用品、生活纸品、医药、精细化工、制浆造纸和房地产八大产业集群。然而，多元化没有给LM公司带来快速发展，反而导致其业绩连年下滑、亏损不断。年报数据显示：在2004—2020年的17年间，LM公司仅有2年是盈利的，且这2年的盈利之和仅有845万元（部分数据可参见表3）。其他年份全部处于亏损状态，累计亏损额达到15.7亿元。尝到多元化的苦果之后，LM公司决定“去多元化”，由之前的八大产业收缩到日化、医药两大产业。即便如此，LM公司也未能扭转已经形成的失速局面。在家用牙膏市场上，LM牙膏目前的

表3 LM公司2016—2020年经营业绩统计

经营业绩	2016年	2017年	2018年	2019年	2020年
营业收入/亿元	15.6	14.7	12.4	11.9	6.85
扣非净利润/亿元	−1.09	−1.53	−0.75	−1.19	0.009

【数据来源】上市公司年报。

市场占有率不足1%，已经完全丧失竞争力。自2016年以来，LM公司不得不转向经济型酒店的牙膏市场，做起“几分钱一支牙膏”的生意。曾经国内牙膏第一品牌竟然落得如此结局，实在令人惋惜！

美的是中国企业成功多元化的典范。创立于1968年的美的，如今已发展成为一家集消费电器、暖通空调、机器人与自动化系统、智能供应链、芯片、电梯于一体的多元化企业集团。美的的发展史就是一部产业多元化的历史。1980年，美的转行生产电风扇，进入家电行业。1984年，美的成立空调设备厂，进入空调行业。目前，美的旗下拥有美的、华凌、小天鹅三大空调品牌（其中华凌、小天鹅为并购所得），美的系空调的国内市场占有率超过30%，位居行业第一。2004年，美的收购合肥荣事达，进入洗衣机行业。2008年，美的再次出手收购国内著名洗衣机企业小天鹅。如今，美的系洗衣机的国内市场占有率排名行业第二。2004年，美的收购广州华凌公司，进入冰箱行业，此后又进行了一系列并购。目前，美的旗下已拥有美的、小天鹅、华凌等3个冰箱品牌，美的系冰箱的国内市场占有率位居行业第二。2020

年，美的收购菱王电梯，进军电梯产业。2021年，美的并购德国库卡公司（全球四大机器人公司之一，与瑞典ABB、日本FANUC、日本YASKAWA齐名）进入机器人行业。2021年，美的收购万东医疗，进军医疗器械行业。可见，美的正在多元化的道路上稳步前行。

LM公司多元化之所以失败，是因为其在主业尚未取得绝对竞争优势的情况下，过度实行非相关多元化，用有限的资源在各个非优势领域四面出击，从而导致主营业务牙膏缺乏足够的资源支持，产品竞争力不断下降。而其他多元化产业要么是规模太小，一时间难以形成气候；要么是缺乏竞争力，导致连年亏损，拖累了牙膏主业。而美的多元化成功的经验在于：基于以家电产业为核心的相关多元化发展战略，借助美的强大的资金实力和管理优势，通过并购确立美的冰箱、空调、洗衣机等家电业务在行业中的龙头地位。美的非相关多元化不是从零做起，而是选择有发展潜力且有技术门槛的新行业，通过并购新行业中的领先企业，直接跨界到新产业，从而确保了新产业在市场上的竞争优势。

4　内部管理与失速

相同的产品和市场，意味着相同的机遇和挑战。为什么有的企业发展了，而有的企业却失速了？中外研究人员的研究结果一致表明：内部管理问题是导致企业失速的根本原因。产品缺乏竞争力，根源在于企业的创新能力、决策能力和行动力不足，而非市场竞争太激烈或竞争对手太强大等外部因素。早于星巴克、咖世家（Costa Coffee）进入中国大陆市场的SD咖啡，由于没有竞争对手，加上采用了当时先进的加盟连锁经营模式，其在刚进入大陆市场时的发展速度异常迅猛，巅峰时期在全国有3000多家门店。成长于台湾的SD咖啡原本占据天时、地利、人和，然而，最终却败给了内部管理问题。因为缺乏严格的加盟商管理体系，加上公司八大股东“自立山头”等问题，SD咖啡起步不久便衰落了。

方正集团是中国一家著名高科技企业。20世纪90年代，方正集团的汉字激光照排系统占领了国内报刊出版业市场份额超90%、海外中文排版市场份额亦占80%以上。2009年，仅方正集团一家的利润就占据了中国所有校企利润总和的70%。自2002年开始，方正集团开启多元化战略，通过并购形成了IT、医疗医药、房地产、金融、大宗商品贸易、职业教育六大产业板块。方正集团旗下拥有方正科技、方正证券等6家上市公司，以及几百家子公司和参股公司。表面上看似繁荣鼎盛的方正集团，事实上已经难掩失败的端倪。年报数据显示：2016—2018年，方正集团净利润降幅超过50%。如果扣除政府财政补助，方正集团实际净利润为负。2020年2月，由于未能清偿到期债务，方正集团被北京法院实施破产重整。至此，这个资产超过3000亿元的“中国最大校企”，实际已经严重资不抵债。导致方正集团破产重整的原因是：管理层内斗、暗箱改制和改制不彻底、隐形持股、长期存在的内部人控制、影子企业众多、关联交易泛滥等内部问题。破产重整清产核资审计报告称：方正集团5家重整主体的资产总额为622亿元，债务总额为1469亿元，净资产为-847亿元。其中，原因不明的往来款和应收账款减值高达

589亿元。可见，方正集团对于众多分子公司的管理基本上处于失控状态。

ZG空调公司是中国早期知名的空调生产企业，市场占有率曾经一度位居全国第四，仅次于海尔、格力和美的。随着2010年国家的空调节能补贴减少、2013年国家家电下乡补贴政策的取消，ZG空调公司的经营困局开始浮出水面，连年亏损不断。2011年，ZG空调公司亏损1.44亿元，是当年国内家电行业中唯一亏损的企业。2015年，公司创始人再度出山，但他没能扭转失速局面，ZG空调公司的失速似乎还在加速。2018年，ZG空调公司继续亏损4.8亿元；2019年，ZG空调公司亏损14亿元，创下纪录。在2020年上半年，ZG空调公司营业收入仅有6.3亿元，同比上年大幅度下滑了67.9%；归属于母公司的净利润为-7.22亿元。公司市值相较于历史峰值时下跌超过90%！一个曾经试图挑战格力、美的空调的市场地位，计划到2020年实现营业收入1000亿元的公司，为何衰落至此？这可以从ZG空调公司执行总裁在2019年公司年终总结大会上的讲话中看出端倪："组织风气败坏，说话办事假大空；管理团队搅浑水、掏私鱼，滥用职权谋取私利；用人机制不透明、财务监管不到位、考核管理不公开、激励机制不到位；人才断档，青黄不接。"如今，ZG空调公司已经深陷亏损泥潭而难以自拔，企业官司不断，前途渺茫。ZG空调公司未来几何，难以预料。但有一点是肯定的，ZG空调公司想要在家电行业东山再起，几乎没有可能。

唯物辩证法认为：外因是变化的条件，内因是变化的根据，外因通过内因而起作用。虽然外部环境对于企业来说非常重要，但是真正起决定性作用的还是企业的内部因素。贝恩咨询公司研究人员发现，一个企业超过五分之四的外部问题都可以追溯到其内部问题，内部和外部问题最终交织在一起。如果企业正在丧失内部优势，那它就无法在外部取得胜利，反之亦然。外部市场决定企业能否生存，内部管理决定企业能走多远。企业因管理而存在，很多起初发展很快的企业，最后衰落得也很快，其根源在于缺乏内部管理，整个企业犹如建立在沙滩上的高楼，建得越高，倒得越快。唯有那些管理优秀的企业才有资格实施多元化，才配得上谈论做大做强。否则，企业的产业越多、发展越快，也消亡得越快。正所谓“眼看他起朱楼，眼看他宴宾客，眼看他楼塌了”。在中国，类似这样昙花一现的企业举不胜举。

5　行业价值转移与失速

当行业遭遇价值转移时，即便是行业的龙头企业，也难逃失速乃至覆灭的厄运。研究发现，在行业价值转移过程中，致使企业断崖式失速的原因依旧是企业内部管理问题。企业没有为外部环境的变化做好准备，或者说企业调整适应外部环境的速度还不够快。曾经取代家乐福成为中国零售百货业“冠军”的大润发的董事长黄明端曾经感慨道：“我战胜了所有对手，却输给了时代。”诺基亚前CEO约玛·奥利拉也曾有过类似的感叹：“我们并没有做错什么，但不知道为什么我们输了。”市场竞争的残酷在于，有的时候并不是你做错了什么，也不是你做得不够好，而是行业发生了价值转移，你已经不再被市场和客户需要。

柯达自1881年创立以来，一直是胶卷市场上无可争议的绝对王者。1930年，柯达胶卷占据了全球摄影器材市场份额的75%，赚取了行业利润的90%。胶卷行业最鼎盛时期是在21世纪之前。在此之后，由于受到数码相机兴起带来的冲击，胶卷市场销量一路下滑。据统计，2000—2010年，世界胶卷市场的需求锐减了90%。这对于以胶卷为主营业务的柯达来说，简直就是灭顶之灾。作为数码相机发明者的柯达，此时并未觉察到这场即将到来的“数码风暴”的严酷性，依旧坚守传统胶卷业务，没有及时调整和积极应对。等到柯达觉察过来的时候，一切都已为时太晚。统计数据显示：自1997年以来，除了2005年，柯达再无盈利记录。柯达市值由1997年的历史最高值310亿美元断崖式下跌到2007年的21亿美元，10年间市值蒸发了90%以上。2012年，柯达被迫申请破产保护。此时柯达资产仅有51亿美元，而债务却高达68亿美元。直到破产的那一天，柯达胶卷的质量都是最好的，然而，行业的领导者柯达还是被时代的洪流无情地抛弃了。

与之相对的，柯达的追随者富士胶片，不仅成功躲避了行业价值转移带来的失速危机，还实现了快速增长。富士胶片究竟是如何做到的？与柯达一样，自2000年开始，富士胶片的市场份额每年以20%～30%的速度下滑。到2010年，富士胶片的市场规模已经萎缩到2000年时的一成不到。当胶卷市场刚开始萎缩的时候，富士胶片就敏锐地觉察到即将发生的一切。于是，富士胶片开始大刀阔斧地改革，果断地从胶卷业务人员中裁员5000人，相当于其全球业务人员的三分之一。此外，富士胶片还利用已有的核心技术和核心竞争力开辟新兴市场。比如，利用胶片上明胶的制造技术——胶原蛋白的高温变性技术，切入化妆品行业。富士胶片有一个“技术复用”理论，强调企业从自身的技术能力出发，将已有的技术能力和新市场的需求相结合以构建新业务。与此同时，富士胶片开始大规模并购，通过并购进入新兴产业。2008年，富士胶片收购Toyoma Chemical公司，进入制药行业。2006—2012年，富士胶片实施了10多起并购，其中一半以上集中在医疗健康领域。历经40多起并购后，富士胶片成为全球第五大医疗影像企业和顶级生物制药合同定制研发生产机构（CDMO）之一。年报数据显示：2021年，富士胶片实现销售收入25258亿日元，较上年同比增长15.2%；营业利润为2297亿日元，较上年同比增长38.8%，并创下了历史新高。富士胶片成功实现逆风飞扬。

为什么这些占据市场主导地位、在行业内数一数二的大公司，在面对行业价值转移时无法继续保持它们的领先地位，最后反而被市场所淘汰？企业最好的时候，也是最坏的时候。正如英特尔公司创始人安迪·葛洛夫（Andy Grove）所说：“公司一旦练就了对付环境的过硬本领，公司里的人就容易自满。但是，环境一发生变化，这种公司的反应也是最慢的。”所有失速企业都有一个共同点，那就是导致其失败的决策恰好都是在其被广泛誉为世界上最好的企业时做出的——这些广受赞誉的优秀企业的决策者由于过于迷恋企业的既有优势，而忽视了新技术的发展潜力，对市场和客户的变化反应迟钝，最终导致企业被市场所淘汰。

6 产业政策变化与失速

产业政策既可以成为企业快速发展的助推器，也可以成为制约企业发展的阻尼器，关键是企业如何提前研判并及时采取应对策略。随着国家新能源汽车补贴政策的收紧，众泰新能源汽车有限公司由于过度依赖政府补贴，加上产品本身缺乏竞争力，市场销量不断下降，最终因资金链断裂而遭遇破产清算。这只是中国众多依靠政策“吃饭”的企业的一个典型代表。然而，也有很多企业因为顺应了国家产业政策而得以快速发展。比如，宁德时代、阳光电源、比亚迪、蔚来汽车等。那些被政策抛弃的企业，基本上都未能在行业即将发生变化之前做出预判，没有对企业经营方向和运营策略进行及时调整，最后成了产业政策变化的牺牲品。

东升控股集团是一家以绿色建材全产业链为核心产业的综合性产业投资控股集团，旗下东升实业是广东省砂石分会和广东省国土空间生态修复协会创会会长单位，同时也是广州市建筑业建材分链的链主企业。东升控股集团一直重视对产业政策的研究，集团总裁赖志光很早就意识到，砂石矿山企业的未来一定是朝着机械化、智能化及绿色环保方向发展。当很多砂石矿山企业还在拼命低成本扩张，片面追求利润最大化的时候，东升控股集团就已经开始加大对矿山现代化装备的投入。东升控股集团在扩建旗下广州顺兴石场和江门泰盛石场时，按照自动化、智能化、数据化以及绿色环保标准进行设计施工，整个石场生产线做到“全封闭、无污染、零排放”，生产工厂实现了生产与销售过程的数字化管理和中央集中控制，基本实现“无人工厂”。2022年，顺兴石场数字化矿山方案成功入选全国60个建材工业智能制造数字转型典型案例。随着国内天然砂石资源逐渐枯竭，行业准入门槛不断提高，国家环保政策日趋严格，“小散乱”矿山陆续被关闭，国内砂石价格一路攀升。广东省砂石价格由2016年的每吨46元一路攀升到2020年的每吨112元。东升控股集团迎来了历史上最好的发展时期，而这一切源自对产业政策的精准解读和研判，以及提前采取积极应对措施。

2021年，中国受政策影响最大的企业莫过于ND公司。创立于1993年的ND公司被业内称为国内教培行业的“黄埔军校”，巅峰时期在全国108个城市有122所学校和1547个学习中心。长期以来，ND公司占据了国内英语培训市场份额的50%以上。2021年7月，随着国家“双减”政策（旨在减轻义务教育阶段学生作业负担和校外培训负担）的出台，ND公司业绩出现断崖式下跌。年报数据显示，2022财年（2021年6月至2022年5月），ND公司实现营业收入31.05亿美元，较上年同比下降27.4%。股东应占净亏损11.9亿美元，由盈转亏，较上年同比下降455.2%。销售净利润率为-39.3%，企业现金流入不敷出。截至2022财年末，ND公司旗下学校及学习中心减少925间，较上年同期“砍掉”了一半以上。然而，在此之前，ND公司发展势头一直很好。2015—2020年，ND公司营业收入年均复合增长率达到23.6%。仅2020年，ND公司营业收入较上年同比增长15.6%，净利润同比增长73.6%。但是，因为没有预判国家产业政策的变化，公司良好的发展势头至此便戛然而止。类似案例还有很多。几年前，受到国家煤炭产业政策影响，山西省一大批民营煤炭企业纷纷倒闭，最后仅剩下一家存活。

产业政策是国家制定的，用于引导国家产业发展方向，推动产业结构调整与升级，以确保国民经济健康与可持续发展。企业发展与国家宏观经济息息相关，与国家产业政策密不可分。韩国SK集团之所以能够不断发展壮大，其中一个重要的成功经验是：SK集团的产业布局与韩国的国家产业政策高度契合。国家产业政策的制定是一个复杂和长期的过程，政策的出台往往滞后于企业实践，企业难免存在一定的决策盲区和潜在风险。企业在进行相关投资决策时需要充分把握宏观经济规律，深度了解和顺应政策的走向和要求，在政策转变之前做到未雨绸缪；否则，就要面对跟不上政策变化带来的不利影响，甚至是难以承受之重。

7　企业代际传承与失速

中山大学中国家族企业研究中心研究表明，中国家族企业二代中有接班意愿的仅有35%，大部分家族企业二代不愿意接班。2015年《福布斯》发布的《中国现代家族企业调查报告》显示，在A股上市的884个中国家族企业中，只有111个家族企业能够实现二代接班，占比仅为12.5%。南开大学李维安教授研究发现：在中国，企业第一代到第二代的接班平均成功率只有40%；从第二代传到第三代，企业还在持续经营的平均成功率仅有4%。美国家族企业研究机构也有类似的调查结果：美国家族企业第二代顺利接班的比例只有30%，到第三代只有12%，到第四代仅有3%。由此看来，中国那句俗语“富不过三代”，并非对富裕家族的恶意诅咒，它显然带有某种内在的必然性。

1987年初，李海仓集资40万元在山西省运城闻喜县建起了第一个合股经营的洗煤焦化厂，这就是海鑫集团的雏形。历经10多年的发展，海鑫集团成为山西省仅次于太原钢铁集团的第二大钢铁企业，经济规模跨入全国钢铁企业前20名，李海仓因此被称为“民营钢铁大王”。2003年，李海仓遭遇意外而身亡，其年仅22岁的儿子随即成为海鑫集团的新“掌门人”。据公开资料报道，新“掌门人”对实业不感兴趣，反而热衷于金融投资，由他操盘的股权投资在10年间竟然有40亿元浮盈。由于受到当时国内钢铁行业整体去产能政策的影响，加上新“掌门人”对企业管理缺乏经验，海鑫集团出现内部管理混乱，创业元老纷纷离职，企业陷入严重失速危机。2014年，海鑫集团最终因为资金链断裂而被迫申请破产重整。此时，距李海仓辞世仅过了11年。在美国有一个同样的案例，由王安创立的王安电脑公司曾经一度与IBM齐名。可是，王安的儿子也是一个二代接班的失败案例，在其掌管王安电脑公司的一年多时间里，公司财务状况急剧恶化，不仅出现巨额亏损，而且股票市值下跌了90%。面对这一局面，公司高层聚集在王安家中施压，王安不得不宣布儿子辞职。最后，王安电脑公司被迫申请破产保护。

虽然二代接班并非易事，但是，二代接班成功者也大有人在，红领集团便是其中的杰出代表。2005年，张蕴蓝加入红领集团，其父张代理没有立刻把总裁的位置让给女儿，而是让张蕴蓝从一线做起，在不同的岗位上学习和锻炼。张代理则在背后默默观察和支持，并在可控范围内给予女儿决策自由和犯错误的机会。在此期间，父女俩之间充满着默契，但也有痛苦的磨合。2009年，张代理正式将总裁位置交给女儿。自此，张蕴蓝便开始大展拳脚，她果断辞掉阻拦变革的一些"老臣子"，组建更年轻化和国际化的经营管理团队，不断推动市场创新，建立更加多样化的定制品牌。2013年，张蕴蓝的"用工业化效率制造个性化产品"模式获得巨大成功，红领集团成功转型成为国内首家大规模服装定制企业。截至2015年底，红领集团的服务区域遍及北美洲、欧洲、大洋洲、亚洲等10多个国家及地区。红领集团在独有的智能化定制系统下，每天可生产3000多套件定制服装。在服装行业普遍进入"寒冬"的大环境下，红领集团产值连续5年增长100%以上，销售利润率高达25%以上。红领集团不仅在业务模式上转型成功，而且在企业代际传承上也取得了成功，二代接班后将企业推向了新的高度。

企业代际传承的关键在于，家族企业能否培养出优秀的二代接班人。创立于1962年的沃尔玛（Walmart）百货公司是美国乃至世界上最大的零售企业之一，其创始人山姆·沃尔顿（Sam Walton）背后的沃尔顿家族至今已完成三代人的财富传承；发迹于19世纪初的罗斯柴尔德家族（Rothschild Family）是欧洲乃至世界久负盛名的金融家族，时至今日已传承到第四代；创立于1911年的玛氏（Mars）公司同样是美国的一个家族企业——全球最大的糖果制造商，至今已传承到第五代；创建于1839年的洛克菲勒家族（Rockefeller Family）更是美国著名的财富家族，发展至今已繁盛了六代，依然如日中天。这些历经百年而不衰的家族企业之所以能够一代代传承下去，主要原因之一是家族非常重视对二代接班人的培养，从而使得家族事业后继有人。

虽然激烈的市场竞争给企业带来的压力不容小觑，但是采取何种战略和商业模式对于企业来说依旧意义重大。然而，企业间的战略与商业模式比以往任何时候都更加相似、更容易复制，企业的兴衰成败越来越取决于能否保持敏捷、敏锐、创新及适应外部的能力。内部运行良好的企业可以在激烈的市场竞争中迅速调整自己以适应外部环境的变化，及时实施能够维持快速成长的战略和商业模式，像TCL、李宁公司那样，在失速发生之后能够及时进行调整，勇于变革创新，成功重启增长引擎。阻碍企业持续增长的最大障碍从来都是内部管理问题，而非外部环境因素。大多企业不是被对手打败，而是被自己“玩死”。失速总是在不知不觉中突然降临，让人无所适从。失速企业就像是一架动力不足、难以操控的飞机，如果不能及时重启增长引擎，后果就是衰亡。

三、失速企业的自救与他救

减速是失速的前兆，控制不住的失速将导致企业衰亡。失速企业通过自我变革重启增长引擎，属于自救。自救成功者少，不仅是因为“医不自治”，更主要的是，敢于突破失速企业内部盘根错节的利益关系的变革者不多。据统计，全球范围内的企业变革，成功率只有不到30%，这意味着很多看起来轰轰烈烈的企业变革，大多都是以失败告终。究其原因：组织内长期形成的思维方式，或者叫思维定式，很难被改变。组织的思维方式从个体上看，是领导的方式；从群体上看，是组织的文化。这两者一旦形成惯性思维，都将难以改变。哈佛商学院教授克莱顿·克里斯坦森（Clayton M. Christensen）认为，成功的企业如果形成了习惯性的管理思维，就很难接纳新事物。约翰·科特（John P. Kotter）教授在其著作《变革》（*Leading Change*）和《变革之心》（*The Heart of Change*）中说：变革的真正阻碍在于领导者的心智模式。也就是说，如果没有第三方的视角，仅靠企业内部培养出来的人才，则很难开启真正的变革，因为他们的心智模式和他们赖以提拔的组织的心智模式是一样的。

真正的变革意味着必须打破既得者利益，任何自私的或伤害企业的行为都必须被革除；员工原有的思维方式和行事方式也必须随之改变。这时候必须承认，采取妥协、共赢、协商的方式推进变革，无异于缘木求鱼、异想天开。对于失速企业的变革者而言，重启增长引擎不仅要有坚定的意志和决心、卓越的智慧和领导力，而且还要有强烈的使命感和责任担当，以及雷霆万钧的手段和舍我其谁的勇气，非强人不足以“挽狂澜于既倒，扶大厦之将倾”。能够承担此重任者，基本上都是企业创始人或强人。比如，TCL的李东生、李宁公司的李宁皆是企业创始人。成功重塑通用电气公司（General Electric Company，GE）的杰克·韦尔奇（Jack Welch）则是通用电气内部培养出来的强人。在当时的通用电气公司，员工称杰克·韦尔奇为“中子弹”。从员工的称呼中可以知道，杰克·韦尔奇有多强大。ZG空调公司创始人无疑是自救中的失败者，他缺少的肯定不是使命、责任、权力等企业家必不可少的东西，而是领导企业变革的能力，或者说缺少卓有成效的自救方法。当年，李东生在拯救失速的TCL时，聘请IBM等管理咨询公司参与设计变革方案，其目的就是借助第三方视角和外部智囊，以提高变革的成功率。

被尊称为“世界第一CEO”的杰克·韦尔奇是如何重塑通用电气公司的？我们从杰克·韦尔奇的自救案例中能够得到哪些有益的启示？

1981年，46岁的杰克·韦尔奇成为通用电气公司历史上最年轻的董事长兼首席执行官。此时，这个拥有117年历史的企业已经深陷失速危机：组织机构臃肿、内部等级森严、官僚风气严重、员工思想僵化、企业对市场反应迟钝等。当时，GE仅有照明、发动机和电力三个事业部在市场上尚可以保持领先地位，其他产业竞争力则疲弱不堪。杰克·韦尔奇决定重塑GE。在杰克·韦尔奇掌控GE的20年里，他创造了GE发展历史上的奇迹。1981—2001年，GE销售额由250亿美元上升到1300亿美元，增长了420%；经营利润由15亿美元上升到150亿美元，增长了900%；GE市值由120亿美元暴增到4100亿美元，一度超过6000亿美元，增长超过33倍。GE成为当时仅次于微软的全球市值第二大企业。GE从全美上市公司盈利能力排名第十，上升到全美乃至全球排名第一，有12个事业部分别成为各自市场上的领先者，有9个事业部入围《财富》500强。杰克·韦尔奇在GE实施的变革，归纳起来有如下五点。

第一，聚焦战略性优势产业。杰克·韦尔奇认为，通货膨胀所引发的经济增长停滞是当时GE面临的主要威胁，竞争力位列中游的产业将失去生存空间，业务竞争力和增长潜力是决定GE未来发展的根本，GE应该发现并参与具有增长潜力的行业。于是，杰克·韦尔奇提出了著名的“数一数二”原则，即GE所有业务必须在行业中处于数一数二的地位。否则，就要被砍掉、整顿、关闭或出售。于是乎，GE砍掉了25%的企业，将350个经营单位的64个行业部门裁减合并成13个行业部门。与此同时，GE还投入超过210亿美元，实施了370多起并购。通过并购，GE增强了13个行业部门的竞争优势，确保被保留下来的每一个产业都处于行业的领先地位。

第二，构建扁平化组织。统计数据显示，当时的GE有2.5万名冠经理头衔的员工，至少有130人位居副总裁以上职位。针对企业内部官僚机构臃肿、人浮于事的局面，杰克·韦尔奇决定改革内部管理体制，大幅度减少管理层级和冗员。杰克·韦尔奇将GE原来的8个层级减至3～4个层级，撤换了部分高层管理人员，削减了10多万个工作岗位，员工人数由41.1万减少到29.9万。杰克·韦尔奇还将管理者的角色由“监视者、检查者、乱出主意者和审批者”转换成为“提供方便者、建议者和业务操作的合作者”。组织精简和人员优化极大地激活了GE的经营活力，员工积极性高涨，GE业绩一路攀升。

第三，搭建电子商务平台。早在1999年，GE就宣布要在最短时间内转变成一家全面数字化的公司，彻底颠覆现有的工作流程（采购、制造、销售）乃至商业模式，以适应未来竞争的需要：借助电子商务平台，GE不仅拓展了市场范围，放大了业已形成的品牌、物流网络和质量管理体系等资源的规模效应，而且通过数字化改造全面提升了运营效率；GE的打印机、内部信息、办公文件、内部财务报告和行政审批全部实现了网络化；GE借助互联网平台，节约了5%～10%的采购成本；通过制造环节的数字化改造，GE节约了10亿美元的运营成本；等等。

第四，推进服务化转型。GE早期的产品服务主要是为喷气式发动机、医疗扫描设备和汽轮机等技术领先设备提供售后维护。1995年，GE拓展了产品服务的范围，以增长潜力大、自身具有技术优势的高科技行业为目标市场，通过提高客户的生产效率以获取回报。GE还通过将最先进的技术植入顾客先前购买的飞机引擎、电力机车、汽轮机和CT等设备，使其重获新生。在韦尔奇的设计下，GE成立了服务委员会，并组成执行委员会专门策划服务业，将服务独立于产品之外，为自己和竞争对手的产品提供服务，即将服务作为一个赢利部门，将其由成本中心变为利润中心。GE全面开启制造企业服务化转型，服务收入从1995年的80亿美元扩张到2000年的170亿美元，5年间增长了一倍多。

第五，重塑企业文化。杰克·韦尔奇将“坚守诚信、注重业绩、渴望变革”作为GE的价值观，把“群策群力”纳入GE的文化DNA中。在企业，最接近工作的人必然最了解工作，不管这些人在企业中的职务和岗位如何，当他们的想法被当场激发出来并化为具体的行动方案时，整个组织就会充满活力、创造力与执行力。GE通过“群策群力”代表会议，激发出不计其数的点子。“群策群力”至今都对GE有着深刻的影响。所谓“群策群力”，就是把大家找来，把管理或业务上的难题丢给他们，放手让他们去想点子，找出改进的办法，然后，立刻决定要实施哪个方案，并且边做边学。“快速、简单、自信”是韦尔奇经常引用的一句话，同时也是他所认为的“组织成就”。

失速企业自救不成，结果不是被别人并购，就是迅速走向衰亡。失速企业被并购者重启增长引擎，属于他救。倘若他救方法得当、措施得力，成功率一定比自救的高，其中的道理不难理解。失速企业被并购，说明其产业发展前景没有问题。只要并购价格合理，并购就有了成功的基础。此时，决定并购成功与否的关键是并购者的管理整合能力。人们常说“外来的和尚好念经”，并购者在对失速企业实施管理整合时，无须考虑失速企业内部各种错综复杂的利益关系。只要有利于失速企业发展，任何有益的建议或方案都能够得到贯彻执行。即便如此，并购管理整合的成功率也不高，其中最大的影响因素是并购双方的文化差异。21世纪初，科龙电器、美菱电器、襄阳轴承、亚星客车都曾经因为失速先后被格林柯尔并购。经过格林柯尔半年时间的并购管理整合，尤其是文化重塑，上述4家企业全部重启增长引擎。可见，格林柯尔的他救方法对于失速企业来说是成功的。

美菱电器是一家专注于家用冰箱及低温冷柜生产销售的上市公司。从2001年开始，美菱电器的营业收入连续多年徘徊不前，经营利润逐年下滑，并伴随着巨额亏损。2001—2003年，美菱电器合计亏损超过5.4亿元。2003年，格林柯尔完成对美菱电器的并购，成为后者的单一大股东。格林柯尔并购美菱电器后，历经6个月时间对后者进行管理整合，让这个失速企业迅速恢复了业绩增长。年报数据显示，美菱电器2003年的销售量和销售额相较上年分别同比增长了20%和9.5%，当年便实现扭亏为盈。2003—2005年，美菱电器连续3年销量相较2002年分别同比增长22%、43%和95%。美菱电器2006年的营业收入与并购当年相比，增长了100%，营业收入3年翻了一番（见表4）。

表4　并购后美菱电器经营业绩统计（2003—2006年）

经营业绩	2003年	2004年	2005年	2006年
营业收入/亿元	13.80	14.39	20.22	27.61
净利润/万元	−19466.00	1676.77	665.89	1196.57

【数据来源】上市公司年报。

显而易见，美菱电器成功重启增长引擎。格林柯尔到底给美菱电器“吃”了什么灵丹妙药？我们从格林柯尔的他救中又能够得到哪些有益的启示？归纳起来有以下三点。

第一，重构组织与流程。根据美菱电器的发展战略，本着“精简高效”的优化原则，并购整合小组对美菱电器的组织结构进行优化。组织结构优化后，美菱电器总部职能部门（含科室）由25个减少到18个，精减了28%；总部管理及辅助岗位数量由1267个减少到1054个，精减了16.8%。同时，并购整合小组还对业务流程和管理流程进行了再造，总共完成200多个关键流程再造。流程再造后，美菱电器当年物资采购成本降低了27%，冰箱生产量增长了22%，交货期缩短了23%。流程再造不仅提高了工作效率，带来了经济效益，而且还极大地减少了经营活动中的暗箱操作，企业廉洁风气也因此得到了很大强化。

第二，优化人员和薪酬。并购整合小组对总部管理人员进行优化。通过竞争上岗的方式，从企业内部报名的112名竞争上岗人员中，择优选出68名主管及以上管理人员。在新聘任的68名主管及以上管理人员中，有16人属于首次被提拔到管理岗位，有23人属于岗位异动（含降职、升职），有29人属于原岗位。从主管及以上管理岗位降到一般管理岗位的有15人，占全部主管及以上管理人员的22%。公司还大幅度提升了员工的薪酬待遇。与并购前相比，总经理年薪增长了10倍，副总经理年薪增长了3～4倍，普通工人薪资增长了1～2倍。同时，将员工收入与个人、部门及公司的绩效挂钩，发挥薪酬的激励性，全面激活员工的工作积极性。

第三，重塑企业文化。格林柯尔以“统一思想，统一认识，反思过去，开创未来”为主题，对美菱电器全体员工进行新文化培训和导入，用新文化唤起员工“自动自发”的工作激情，树立对企业的高度责任心和使命感。并购整合小组要求全体员工自学《自动自发》《把信送给加西亚》等书，并要求写读后心得，人人过关。同时，召开领导班子民主生活会，班子成员在会上需要对自己过去的不当行为或错误思想进行深刻反思，开展批评与自我批评。总经理还要对班子成员的反思内容进行点评，帮助反思者纠正错误，提高认识；统一思想，凝聚共识。

稻盛和夫拯救濒临破产的日本航空公司（简称“日

航”），属于特殊的他救方式——失速企业聘请著名企业家帮助重启增长引擎。2010年，日本航空公司因为经营不善宣布破产。在时任日本首相的再三恳请下，78岁的稻盛和夫临危受命，接手日航。稻盛和夫仅用了424天就让日航扭亏为盈，实现1884亿日元的盈利。2011年，日航成为全球航空业的利润冠军，并于当年重新上市。日航还同时创造了3个全球第一：利润全球第一、准点率全球第一、服务水平全球第一。稻盛和夫让日航起死回生的秘诀是什么？

第一步：转变员工思想。稻盛和夫认为，恢复日航的凝聚力必须从改变员工各自为政的思想开始。为此，稻盛和夫每月召开一次大会，向员工传授他“敬天爱人”的经营哲学，引导员工热爱自己的工作和生活，要求员工投入热情去做事，不要仅仅遵照工作守则做事，要发自内心地为客户着想。稻盛和夫对于日航长期形成的不负责任的官僚作风予以严厉批评，强调“不换思维就换人”。稻盛和夫奔走于各个机场，与基层员工直接对话，了解他们的想法和感受，并将自己的想法传递给他们。为了表达与员工同甘共苦的决心，稻盛和夫总是乘坐日航飞机。稻盛和夫对重建日航的所有努力起到了很好的表率作用，对日航员工的服务意识产生了潜移默化的影响。日航员工开始发自内心地努力工作，日航的经营业绩也一天天好转起来。

第二步：导入经营会计。会计报表是为经营者指引准确方向的“指南针”，经营者必须依据财务数据，才能准确了解企业的实际情况，从而做出准确判断。员工只有在财务数据的指引下，才能同心同策改善经营绩效。为了解决日航管理者普遍缺乏的数据意识，提升员工的经营管理水平，稻盛和夫将经营会计导入日航，用经营会计中看得见的数字来分析日航的实际经营状况，让员工从数据背后看到企业经营管理上存在的问题。然后再交给员工进行自我分析，并自发行动拿出相应的解决方案。在导入经营会计后不久，日航员工开始有了盈亏意识。稻盛和夫便趁热打铁将“实现销售额最大化和经费最小化”作为日航的经营原则，同时，开始大刀阔斧地改革：停飞部分航线、统一飞机种类和飞机机型、裁减人员并妥善安置、精简总部不必要的职能部门等。日航的经营业绩因此得到快速提升。

第三步：引进阿米巴核算机制。在稻盛和夫看来，如果不建立即时反映各条航线、各个航班收支状况的核算体系，就无法提高日航的整体经济效益。为此，他决定将阿米巴核算机制引入日航。稻盛和夫将日航的各个部门变成一个个小集体，对这些小集体进行独立核算。他将日航的每条航线也划分成一个个独立的小集体，每条航线都以一个经营责任人为核心，员工自发参与航线经营，实行“全员经营”。同时，稻盛和夫还对日航飞机维修和机场的各个部门尽可能地实行独立核算，划小核算单位使得小集体的经营者们更加关心每条航线、每个航班的经营情况。在阿米巴模式下，日航小集体经营者的经营意识得到了加强，工作积极性空前提高，日航的经营利润不断攀升。日航终于得救了，稻盛和夫的经营思想又一次成功了。

总而言之，失速企业无论是自救，还是他救，所要解决的问题都大致相同。首先，企业需要决定做什么、不做什么。其中，决定不做什么最难！企业要砍掉不具有竞争优势的非核心业务，将有限的资源和精力聚焦于自己的优势领域。通过并购或资产重组，在企业战略性业务上形成强大的竞争优势，确保战略性业务在行业中处于领先地位。如同富士胶片一样，舍弃已经衰落的胶卷业务，进入医疗健康这类具有高成长性、高收益的战略性业务。其次，企业需要以市场和客户为中心，进行组织转型和流程重构，尤其针对业务聚焦后新的产业布局，企业需要精简组织结构，明确部门和岗位职责，优化各项业务运行和管理的程序、步骤和标准，减少经营管理过程中的漏洞和灰色地带，提高员工的工作质量和工作效率。然后，企业需要优化中高层管理人员，尤其是高层管理人员，以提升企业的执行力。企业需要将有能力的人提上来并委以重任，将不称职的人请出去，确保合适的人在合适的岗位上，让专业的人做专业的事。企业管理最终要回归到人的因素，如果没有合适的人，所有的工作都将失去意义。对于任何出类拔萃的企业来说，发展的最重要基石是拥有能够自我管理和自我激励的人才。最后，企业需要通过重塑文化来凝聚人心、达成共识。失速企业需要与旧文化一刀两断，并明确无误地告诉广大员工企业支持什么、反对什么。企业还需要通过各种有效的文化重塑活动，比如，开展批评与自我批评，让新文化深入人心，实现文化管理。

第二章

业务聚焦

多元化被认为是企业分散经营风险的有效方法。事实上，多元化的好处不仅在于分散企业经营风险，而且能给企业带来范围经济和协同效应，达到“1+1＞2”的经营效果。市场竞争日益加剧，产业盈利空间日渐减少，企业很难找到一个可以保持长期稳定增长的产业，多元化经营可以给企业日渐衰落的产业带来新的增长点和盈利点。

随着全球经济不确定性日益增大，外部市场环境越发复杂多变，企业的产业周期不是被大大地缩短，就是变得更加难以预测。多元化不仅有利于企业内部产业结构的不断完善和成熟，而且有利于企业进行战略方向调整和重组，尤其在剥离增长乏力的产业时，可以为企业提供更多的选择机会。与此同时，当企业技术或市场空间逼近极限的时候，严格将企业限制在一个狭窄的专业领域，反而会影响企业的发展。而对于拥有多元化能力的企业来说，也不应该将自己局限于某个专业领域，从而坐失更大的发展机会。

正因为多元化有如此多的好处，所以才有那么多企业在多元化的道路上前赴后继。纵观中外企业，几乎没有一家大企业不是通过多元化发展起来的。然而，每当外部市场发生某种大的改变，或者当市场竞争环境恶化时，多元化企业往往又是最先倒下的那一批。这些倒下的企业，通常都是所在行业或区域的头部企业，原本在各自的领域发展得很好，正是多元化失败致使资金链断裂，庞大的“商业帝国”一夜之间分崩离析。

大量事实证明，企业多元化的关键不在于进入了多少产业，而在于是否发展了自己的核心业务，形成了自己的核心能力。企业如果不考虑自身资源和能力的限制，四处出击，盲目进入自己不具有优势的领域，最后不但会失去原有的竞争优势，还要为此付出惨重代价。中国企业在多元化的浪潮中前赴后继，成功者少，失败者居多。究竟是多元化，还是专业化？这是中国企业发展过程中无法回避的问题。

一、中国多元化现状与问题

2014年，中国经济进入新常态，传统的单一业务发展模式已经无法为企业提供持续的增长动力，多元化成为中国企业寻求进一步增长的自然选择。根据商务部2016年发布的中国100家大型国有企业、30家大型民营企业的多元化数据显示：中国开展多元化经营的大型企业越来越多，由2011年的97家上升到2015年的126家，4年时间增长了29.9%。从占比情况来看，2011年中国多元化企业占企业总数的比例为74.6%。到2015年，这一比例上升到96.9%。商务部发布的抽样调查数据也显示，中国规模以上企业开展多元化经营的数量，占全国企业总数的75%以上。很显然，多元化发展已经成为中国企业的普遍共识和主要选择。

2018年以来，以海航集团、恒大集团、雨润集团、三胞集团、新光集团、力帆集团等为代表的一批中国民营企业（见表5），由于过度多元化，引发债务违约，导致企业失速，直至最后破产重整，教训极其深刻！即便是方正集团、

表5 中国多元化失败的民营企业一览（部分）

序号	企业名称	产业数量/个	旗下上市公司数量/个	总资产/亿元	负债率/%	最后结局
1	恒大集团	8	4	18400	132.6	2021年7月，债务违约
2	海航集团	7	16	12300	56.9	2021年1月，申请破产重整
3	力帆集团	6	1	183	85.9	2020年8月，申请破产重整
4	雨润集团	7	2	1270	120.7	2020年10月，申请破产重整
5	精工集团	6	3	518	72.8	2019年8月，申请破产重整
6	银亿集团	7	3	368	127.8	2019年6月，申请破产重整
7	新光集团	6	1	362	148.9	2019年4月，申请破产重整
8	丰盛集团	7	1	632	68.8	2018年12月，债务违约
9	金盾集团	4	1	38	260.5	2018年7月，企业破产
10	三胞集团	7	2	880	69.4	2018年7月，流动性危机、协议重组

【数据来源】华顾咨询研究院整理。

紫光集团这类大型国有企业，最后也没能逃脱多元化带来的悲惨结局。华顾咨询研究发现，在上述民营企业中，所涉产业最少的也有4个，最多的有8个，平均产业数量为6.5个，且都是非相关多元化产业；每家企业平均拥有3.4个上市公司，企业资产负债率最低的为56.9%，最高的达到260.5%，平均资产负债率为114.4%。其中，恒大集团、银亿集团、新光集团、力帆集团、金盾集团在债务违约之前就已经资不抵债。

上述民营企业只是2018年以来中国企业多元化失败的一个缩影。进一步研究结果表明，这些民营企业家都有极其相似的成长历程：创始人几乎都是白手起家，早年因为某种机缘而开始创业。置身于短缺经济时代，这些企业家从小公司做起，随着中国改革开放的不断深入，历经千辛万苦将企业做到了行业领先，直到最后成功上市。此时，上市公司的光环令这些企业家信心十足、踌躇满志。面对上市募集到的大把资金，以及各种诱人的投资机会，他们开始由产业经营转向资本运营，希望在其他行业再次复制过去的成功经验。于是，他们便开始把第一家上市公司的股票进行质押，获得资金后又开始所谓的“二次创业”。至此，这些民营企业开始进入多元化发展阶段。

这些民营企业家大都胸怀理想，抱负远大。比如，2015年，海航集团创始人陈峰宣称：进入世界500强只是海航的新起点，海航未来5年要进入世界500强的50名至100名；未来10年要进入世界500强的第一方队，入列前10名。恒大创始人许家印在恒大2017年年终总结大会上宣布：未来3年，“恒大要实现总资产3万亿，销售规模8000亿的目标，年利税超过1500亿元，负债率要下降到同行业中低水平，进入世界百强。”许家印把恒大的造车路径总结为“买买买、合合合、圈圈圈、大大大、好好好”——恒大要把能买的核心技术、能买的企业都买过来，实在买不过来就与之合作，或者拉入恒大造车的“朋友圈”。恒大立志成为全球规模最大、实力最强、产品性价比最高的新能源汽车集团，并且计划在2035年实现新能源汽车年产销量达500万辆的宏伟目标。有类似豪言壮语、雄图大略的中国民营企业家不在少数，令人遗憾的是，他们最后的结局大都不妙。

中国证监会严禁同业竞争，民营企业通过股票质押出来的钱不能直接投资原有产业，必须寻找新的投资机会，进入新的行业。这在客观上促成了这些民营企业选择实行非相关多元化。得益于早期中国市场机会多，在创始人过往成功经验的指导下，经过若干年之后，这些民营企业投资的第二个产业又成功上市。此时，这些民营企业家基本上进入了“天下英雄，舍我其谁”的状态，变得雄心万丈，认为自己已经无所不能。于是，他们便迫不及待地将第二家及更多的上市公司的股票进行质押，继续寻找第三、第四乃至更多产业。在高杠杆的撬动下，这些民营企业的多元化一发而不可收。当他们拥有上百亿资产和少则数十个、多则上百个子公司的控制权后，各种社会荣誉和光环便纷至沓来。各大金融机构争相给他们贷款。钱来得太容易，市场机会又太多，于是，他们便无所畏惧、信心百倍地加快多元化步伐。左手从股市、银行及债市上募资；右手就开始寻找各个热门产业的投资机会，在资本市场里“翻云覆雨”。收购兼并成为他们最乐意做的事情，他们已经无暇顾及企业的日常经营管理。企业资产和规模呈几何级数快速翻滚，企业危机也在以同样的速度累积着。

当中国经济终于在2018年进入实质性大调整之际，这些民营企业突然发现自己直接从酷暑进入寒冬。企业原有的主营业务进入发展瓶颈期，老业务停滞不前，新业务又陷入竞争红海不断“烧钱”。企业的现金流覆盖不了巨额债务利息，于是，他们不得不玩起“拆东墙，补西墙”的资金游戏。当正常的融资通道被堵死，他们就从民间借贷或集资，资金利息因此水涨船高。最后，也许只是几亿元的信托或债券产品违约，便会立即引爆企业的债务危机。各路债权人蜂拥而至上门追债，企业资金链瞬间断裂。至此，这些民营企业家又不得不开启“卖卖卖”模式。当使尽浑身解数也无济于事时，破产重整就成为他们最后的无奈选择。好不容易打造出来的商业帝国，最后居然落得如此悲惨结局，着实令人痛心。

创立于1989年的海航历经27年的发展，从单一的地方航空运输企业发展成为多元化的跨国企业集团。最高峰时海航拥有航空、旅业、商业、物流、实业、机场、置业、酒店八大产业板块。海航通过在全球各地“买买买”模式，在各个业务板块密集出击，先后收购重工、证券、信托、游艇、商场、酒店等产业。从希尔顿酒店、德意志银行到飞机租赁公司、IT分销巨头，从纽约、伦敦的摩天大楼到香港“地王”等。截至2016年底，海航纳入合并报表的各类子公司就有725家，其中包含10家A股上市公司、6家港股上市公司、22家新三板上市公司。海航创始人陈峰曾经毫不隐讳地说过：“中国22个大行业，海航集团进入了12个，涉足44个细分行业。除了避孕套的企业没有，其他海航都买了。”

企业并购不是一项简单的财务活动，只有在并购整合上取得成功，才是一个成功的并购。否则，只是在财务上的操纵，这将导致财务和业务上的双重失败。海航重并购、轻整合的结果，导致其各产业板块以及旗下的子公司各自为政，经营风险越积越大。海航资产负债率由2006年的56%迅速上升到2019年的72%，每天光银行利息就超过1亿元。2018年，海航出现历史上的首次亏损，亏损额达49亿元。2019年，海航继续亏损超过35亿元。

面对日益艰难的局势，陈峰认为：海航自救的唯一途径是甩卖资产，回笼资金，偿还债务。于是，海航又开始“卖卖卖”模式，通过出售资产来延续生命。本着“非主业业务剥离，非健康产业退出。聚焦航空运输主业，非主业坚决不要了”的原则，仅2018年，海航就出售了近3000亿元资产，清理了300多家子公司。陈峰曾说：“认为自己什么都能干、什么都可以干时，祸就埋下了。”可惜，一切都已为时太晚。2020年，由于到期债务违约，海航陷入流动性危机，相关债权人向法院申请对海航进行破产重整。前后历经11个月，一直靠处置资产续命的海航，终于迎来它不可逆转的命运。

从中国“首富”到负债2.44万亿元，恒大仅用了4年时间。一代商业传奇突然陨落，令人叹息不已。2009年，恒大在香港成功上市。自此，恒大步入了多元化发展的快车道。2010年，恒大成立了足球俱乐部，进军体育产业；2013年，恒大推出冰泉矿泉水，进军快速消费品行业；2015年，恒大进军保险业；2016年，恒大进军健康产业；2018年，恒大宣布未来10年计划投入1000亿元与中国科学院合作，进军量子技术、航空航天、人工智能等高新技术产业；2019年，恒大计划3年内投资450亿元，进军新能源汽车。至此，恒大业务版图已经涵盖房地产、保险、物业、金融、互联网、大健康、文旅、新能源汽车等八大产业。

过度多元化使得恒大资金周转越发艰难，恒大在最高负债水平时，每天光利息就高达3亿元，这意味着恒大每天都要承受滚雪球般的巨额债息压力。自2021年以来，恒大接连爆出商业票据违约、理财产品不付款、挪用监管资金、拖欠供应商款项等一系列负面消息。恒大曾试图通过各种方式自救，但均以失败告终。虽然引发恒大债务危机的导火索是高杠杆，但是“雷”却早在多元化的时候就埋下了。恒大涉足的足球、冰泉、文旅、农业、酒店等多元化产业大多数都是亏损的，多元化业务带来的亏损最后都要由恒大来买单，这使得恒大的负债率越来越高。最后，终因无法承受巨额债务，恒大轰然倒下。

然而，新光集团从债务违约到申请破产重整，仅有短短7个月时间。新光集团经过20多年发展，产业涉及饰品、制造、地产、金融、互联网、能源等6个行业。新光集团旗下拥有1家上市公司、近百家全资子公司及控股公司，以及超过40多家的参股公司。20世纪90年代，新光集团创始人同样是白手起家，从事流行饰品的批发零售。凭借多年的经商经验，伴随着“义乌小商品”品牌誉满天下，新光集团越做越大，创始人也因此成为浙江省“首富”。

2003年，新光集团开始涉足多元化。2016年，新光集团旗下一家控股公司成功上市。之后，新光集团多元化版图逐步延伸到制造、金融、互联网、地产、能源、投资等多个领域。2015—2017年是新光集团历史上发展最快的3年。在此期间，新光集团投资了北京四达时代软件、广东南粤银行等多元化产业。企业做大了，各种荣誉纷至沓来，创始人迎来了事业上的巅峰时刻，其精彩人生甚至被改编成电视连续剧。

新光集团的命运在2018年发生了逆转。由于两期债券总计30亿元在同一天发生了实质违约，同时，还有逾百亿元的存续债务压顶，新光集团陷入了债务危机。根据其控股的上市公司新光圆成的公告显示：新光集团持有的上市公司股份中的98.3%已经被质押，可供新光集团操作的资产尚不足2%。新光集团在巨额债务中苦苦挣扎。自2018年9月发生债务违约以来，新光集团及其实际控制人竭力制定相关方案，企图通过多种途径化解债务风险，实现自救，但均未能成功。2019年4月，新光集团不得不向法院申请破产重整。

新光集团在公告中对破产重整的原因进行了解释：第一，企业扩张过程中不断开展大规模投资，但未能按照预期获得良好的投资收益。加之宏观降杠杆、银行信贷收缩等因素，企业资金流动性严重不足。而且投资的资金来源主要是外部举债，由于融资规模庞大，财务成本和财务风险不断上升，最终导致资金流断裂。第二，集团下属子公司普遍经营业绩不佳，甚至亏损。除了新光饰品、新光小额贷款、新光物业等，其他子公司基本处于亏损状态，且近3年投资的公司亏损尤其严重。第三，在公司治理上，现代企业制度建设和管理存在薄弱环节。股权结构单一，缺少制衡和约束机制，导致对外投资决策不够科学谨慎。企业内控体系和管理规则不完善，对部分子公司未能有效监管甚至丧失控制权，对下属企业的管理处于失控状态。关联公司之间的互相担保和资金占用较普遍，以致关联公司之间互相牵连，一损俱损。最后，债务违约的链式反应成为击垮新光集团的罪魁祸首。

自2018年以来，中国相继有20多位各地“首富”纷纷“坠落”，秒变“首负”。中国多元化失败的企业，几乎都是在同样一个问题上犯了同样的错误，那就是，盲目过度多元化以及高杠杆，企业资源和能力撑不起企业的规模和扩张速度，最终导致企业失速直至破产重组。吉姆·柯林斯（Jim Collins）在《再造卓越》（*How the Mighty Fall: And Why Some Companies Never Give In*）一书中将企业衰落依次分为五个阶段：狂妄自大、盲目扩张、漠视危机、寻找救命稻草、被人类遗忘或濒临灭亡。优秀的企业在领导做出错误的决定之后，可依靠之前积累的力量，在短期内继续前进。有些企业在第一阶段中不能认识到“运气”在公司成功过程中所起到的作用，过分夸大自身的优点和能力，认为成功是理所当然，忽略了成功的根本原因，企业就变得狂妄自大。至此，衰落就会悄悄降临。在第一阶段滋生了目空一切的高傲情绪之后，企业家会很容易产生“我这么厉害，还可以继续做成很多事”的想法，从而将企业规模越做越大，企业增速越来越快，此时，随之而来的赞美声也就越来越多，企业家开始变得忘乎所以。企业很难在无法取得竞争优势的领域里无限扩张，或是在过分追求增速的同时还保持之前的领先优势。纵观中国多元化失败的企业，可以发现它们都未能逃脱吉姆·柯林斯所说的五个衰落阶段。

通常情况下，企业家对其主营业务的未来发展方向都难以做出正确判断，何况在推进多元化发展过程之中，他们需要对旗下各个不同产业的发展做出迅速且准确决策，这是一件说易行难之事。比如，早年中国电视机行业由显像管电视向液晶电视转型时，包括TCL、长虹在内的国内主要电视机生产企业，都错误地选择了等离子电视，导致企业巨额亏损。这些优秀企业尚且如此，其他企业又能如何？企业家由于忙于各种纷杂事务，通常会将涉及企业长远发展的重大决策委托给职业经理人。职业经理人的角色与身份不同于企业家，一般来说，职业经理人难以具备企业家的使命感、创新精神和责任担当，而多元化企业又缺乏专业化公司的灵活性和成本优势。所以，在激烈的市场竞争中，失败的多是多元化企业。

企业在推进多元化业务时，势必会遇到那些专业化经营的竞争对手的强力挑战。对于专业化经营的竞争对手而言，这些业务事关自身的生死存亡，他们会拼尽全力，誓死一搏。而作为新业务开拓方的多元化企业，仅仅视新业务为其众多业务中的一个，自然难以全力以赴。因此，多元化企业就会在竞争中处于劣势。另外，与成功的企业多元化案例大都建立在较强的产业竞争力基础上不同，中国多元化企业普遍缺乏核心竞争力，仅仅是依靠“归大类”聚集了一批盈利能力和竞争力不强的产业。加上企业负债经营，管理不善等原因，每当市场发生某种大的变化时，等待它们的必然是灾难，而不是更大的成功。

稻盛和夫认为：企业通常容易在最初的多元化尝试阶段获得成功，而在企业规模发展到一定程度时，却会遭遇到意想不到的危机。企业经营者为一时的成功而感到洋洋得意，不知不觉之中变得忘乎所以起来。并且，越是那些能力过人、能够卓有成效地推动企业实现多元化目标的经营者越容易自负，无形间产生“所有这些成绩都归功于我领导有方”“天下英雄，舍我其谁”这种过度自信和狂妄心态。这种心态导致那些曾经为了企业多元化发展殚精竭虑、努力奋斗的经营者们把谦虚抛到脑后，变得趾高气扬、不可一世。一旦如此，周围的人必然会对经营者离心离德，企业变成了一个人的企业，经营业绩也就因此逐步下滑。为此，稻盛和夫告诫企业家，要想避免过度自信带来的灾难，必须牢记：无论在事业上获得了多大的成功，企业家都须“谦虚为怀，戒骄戒躁，更加努力”。即便跨越了多元化这个陡峭山峰，获得了巨大成功，也决不能忘掉谦虚的品德。

研究发现，中国企业多元化问题主要体现在以下6个方面：其一，投机心理过重。中国早年成功的企业，基本上都是在机会导向下发展起来的，因而形成了发展路径依赖。只要有机会，企业就会想方设法进入，而不考虑自身资源和能力是否匹配。其二，扩张速度过快。企业在短时间内并购众多企业，人才和管理跟不上企业扩张的步伐，结果使得企业在跨行业、跨地区的同时，丧失了原有的产品优势、市场优势和竞争优势，给企业经营埋下了极大的风险。其三，盲目无关联扩张。企业进入自己不熟悉的行业，实行非相关多元化发展，不仅无法获得规模经济和范围经济，而且分散了企业有限的资源。如此，企业多元化不但没有分散风险，相反加大了风险。其四，产业缺乏竞争力。多元化企业聚焦了一批没有竞争力的产业，企业自身又缺乏足够的资源去培育产业的竞争优势，在竞争激烈的市场环境下，企业最后是顾此失彼。其五，内部管控缺失。多元化特别是非相关多元化，必然造成部门和子公司增多，形成更为复杂的管理体系。企业不仅因此加大了管理成本，也增加了管理失控的风险。其六，高杠杆。高杠杆带来高负债，使得企业的经营压力越来越大。加上产业缺乏竞争力，不断扩大的亏损面最终导致企业入不敷出。企业规模越大，负担就越重。一旦市场上有风吹草动，这些精心构建的商业帝国就会瞬间倒塌。惠普公司创始人戴维·帕卡德（David Packard）认为：一家卓越的公司之所以会消亡，往往是因为机遇太多，而不是没有机遇。360集团董事长周鸿祎也曾说过：绝大多数企业不是死于饥饿，而是死于欲望。所以，中国企业开展多元化需要从感性、盲动，走向理性、科学。

二、多元化是馅饼还是陷阱

美国企业多元化始于20世纪20年代，50年代出现热潮，60年代末70年代初达到巅峰，80年代开始退潮，出现“归核化”趋势。其多元化历程被普遍认为最具代表性。

在20世纪20年代初，美国许多高度专业化的大企业仅生产单一产品，只有极少数企业开始“天然的”多元化发展，它们多是采用“前向一体化”或“后向一体化”战略。例如，1909年，新泽西标准石油公司（Standard Oil）只生产煤油；杜邦公司（DuPont）只生产炸药；阿穆尔公司（Armour）则在进行肉食加工的同时，生产骨胶、肥皂等副产品；通用电气公司（GE）由于行业技术的特殊性，在生产发电机和照明产品的基础上，自然衍生出电动汽车、电烤箱、电冰箱等关联产品。不过，美国企业在这一时期的多元化，主要是自发且毫无意识的行为，尚未成为企业成长的战略选择。直到20世纪20年代中后期，多元化才成为美国企业明确的经营战略。美国企业在这一时期的多元化主要是基于技术关联的产业，而且多数集中在化工、电器、冶炼等天然适合多元化经营的行业里。

据统计，1909年，美国最大工业企业中仅有4家企业实行多元化，即通用电气、西屋电气（Westinghouse Electric Corporation）、美国钢铁公司（United States Steel）和坎布里亚钢铁公司（Cambria Iron Company）。多元化对于当时的美国企业来说还是一个“奢侈品”。第二次世界大战以后，美国出现了多元化经营的热潮，且在20世纪60年代末70年代初达到了高潮。究其原因，既有“二战”后美国大量军用技术转向民用，使得企业拥有生产多种产品的技术能力的助力；也有许多在“二战”中遭受严重破坏的国家急需大量物资投入重建带来的巨大市场机会的诱惑。同时，美国政府颁布《克莱顿条例》，横向兼并和纵向兼并的有利环境已经不复存在，混合兼并开始盛行，企业不得不采取多元化发展战略。比如，1970年，美国最大的500家工业企业中有94%都实行了多元化。有些大公司的多元化产品种类甚至多达几百种，产生了一批从事多元化经营的大型混合联合公司。其中，多元化的“开路先锋”是达信公司（Textron Inc.），典型代表是国际电话电报公司（ITT）。

达信公司原本是一家完全垂直一体化的纺织企业，由于“二战”后美国国内需求低迷，不得不于1953年率先开展多元化经营。1953—1960年，达信公司先后并购了40多家不同行业的企业，并于1963年彻底退出纺织行业。国际电话电报公司创办于1920年，主要生产销售电话设备。1959年，国际电话电报公司开始多元化经营。到1977年，国际电话电报公司兼并了300多家企业，涉及23个产业，38个行业以及46大类产品，成为一家高度多元化的特大型混合联合公司。统计数据显示，在1948—1968年这20年间，美国制造业和矿业中的大企业实施非相关多元化并购，即混合并购由59%上升到89%，增加了30%。而相关多元化并购，即横向与纵向并购则分别下降了27%和3%（如表6所示）。

表6 美国制造业和矿业中的大企业并购及其分布情况

并购类型	1948—1953年		1954—1959年		1960—1966年		1967年		1968年	
	数目	比例	数目	比例	数目	比例	数目	比例	数目	比例
横向并购	18	31%	78	25%	69	13%	14	9%	4	4%
纵向并购	6	10%	43	14%	82	15%	13	8%	6	7%
混合并购	34	59%	193	61%	387	72%	128	83%	84	89%
合计	58	100%	314	100%	538	100%	155	100%	94	100%

【数据来源】威廉·格·谢佩德：《市场势力与经济福利导论》，商务印书馆，1980，第106页。

自20世纪20年代美国企业实施多元化以来，多元化的效果并不理想。尤其是许多从事非相关多元化的企业，不仅没有取得良好的业绩，而且出现了大量经营失败的案例，只有极少数多元化企业获得了成功。于是，理论界开始对多元化进行研究和反思，很多学者都对当时美国盛行的多元化提出了批评。1987年，哈佛商学院教授迈克尔·波特（Michael E. Porter）在《哈佛商业评论》上发表《从竞争优势到公司战略》（“From Competitive Advantage to Corporate Strategy”）一文，公布了他对1950—1986年美国33家大企业多元化的统计分析（见表7）。从中不难发现，在此期间单一经营的企业占比下降了12%，而非相关多元化经营的企业占比增加了15%。迈克尔·波特教授的研究结果表明：美国企业通过混合并购形成的非相关多元化的失败率最高。那些从事非本行业企业的并购，有74%的企业最后不得不因亏本而再次出售。这恰好验证了一句话：人们永远无法在自己不熟悉，但却是别人熟悉的领域里获得成功，除非受到了上帝的眷顾。

表7　美国大企业1950—1986年间经营类型的变化情况

单位：%

类型	1949年	1959年	1969年	1974年	1981年	1987年
单一	42.0	22.8	14.8	14.4	23.8	30.4
主导	28.2	31.3	26.1	22.6	31.9	28.1
相关多元化	25.7	38.6	40.4	42.3	21.9	22.4
非相关多元化	4.1	7.3	18.7	20.7	22.4	19.1

【数据来源】Richard P. Rumelt, “Diversification strategy and profitability,” *Strategic Management Journal* 3, no. 4 (1982): 359-369; C. C. Markides, “Diversification, Restructuring and Economic Performance,” *Strategic Management Journal* 16 (1995): 101-118; 康荣平、柯银斌：《企业多元化经营》，经济科学出版社，1999，第10-13页。

1995年，英国学者克斯塔·马凯德蒂（Costas Markides）对美国219家大企业在1981—1987年的战略变化进行了统计分析，并结合美国学者鲁迈特（Richard P. Rumelt）的历史数据，得出了如下重要结论：只有使用“归核化”一词，才能准确表达美国自20世纪80年代以来，反混合并购和反多元化的企业战略变化趋势。从实际情况来看，企业混合并购所产生的“大”未必就好，一些企业并购并没有实现预期的效果，许多企业甚至最后被迫选择被并购，不得不走上解体的道路，这样的例子俯拾皆是。在多元化事与愿违的情况下，美国企业为了生存和发展，不得不进行战略调整，实施业务“归核化”。比如，ITT公司从1979年开始陆续剥离旗下33个商业单元；联合食品公司在5年时间内卖掉了之前收购来的50个商业单元，重新回归主业；等等。

美国企业“归核化”的基本思想是：在战略层次上，多元化企业实施以剥离非核心业务、分化亏损资产为主要内容的资产重组，进行业务“归核化”。值得注意的是，“归核化”并不等于专业化，只不过是多元化程度有所降低，保持适度的相关多元化而已。准确地说，“归核化”是一种适度多元化，其多元化程度有所降低，强调发展核心业务。当然，这其中并不排除有些企业完全回到专业化。在经营层次上，多元化企业着力强化核心业务，通过企业再造、业务外包、人员精简等方式，降低生产成本，提高盈利能力。美国的“归核化”浪潮一直延续到20世纪90年代后期，不仅波及欧洲，而且影响到了亚洲。

日本企业大规模实行多元化经营是从20世纪60年代开

始，此时，恰逢日本经济处于高速成长期。70年代初期，随着布雷顿森林体系崩塌，日元大幅度升值以及石油危机等，日本经济出现大滞涨进而转入低速发展期。部分日本企业开始“去多元化”，但仍有很多日本企业坚持多元化经营。到了90年代，日本制造业中有74.7%的企业，商业、服务业中有58.7%的企业，依然实行多元化经营。根据美国《商业周刊》1993年的报告显示，在全球1000家收益率最高的企业中，美国企业有403家，其股东资本收益率为14.9%；日本企业有281家，其股东资本收益率为4.8%。美国企业的股东资本收益率是日本企业的3倍多。对此，日本一桥大学商学院教授中谷严认为，造成日本企业股东资本收益率低的主要原因是多元化经营。他指出：日本企业过于喜欢竞争，偏爱实行利益均沾性投资，而不管自己是否擅长。正因为如此，才使得日本企业无法形成在某个领域的绝对优势，自然就不会获得高收益。随着日本产业竞争日趋激烈，产业间的进入壁垒越来越高、进入成本越来越高，企业如果不具备强大的实力和竞争力，很难在市场上立足。在此背景下，日本企业开始由多元化向专业化或相关多元化回归。

在总结多元化的经验教训之后，日本企业在多元化的发展道路上更加理性和成熟，很多日本企业在相关多元化的基础上理性开展非相关多元化业务。据统计，2022年，日本有47家企业上榜《财富》世界500强。其中，在排名前10的大企业中，有8家是多元化企业，仅丰田汽车公司、日本电报电话公司是专业化经营。日本企业多元化有四个主要特点：第一，企业基于总体战略、核心业务和核心竞争力开展多元化，而不是简单“归大类”式的多元化。第二，企业根据自身的资源禀赋，以及所处的外部市场环境确定多元化的方向，而不是盲目多元化。第三，特别注重选择多元化的时机。企业利用自身的信息渠道和对市场的敏感度，不失时机地进入新行业，同时选择最佳的进入方式：并购、内部创业或合资。第四，实行严格的内部控制与管理整合，确保多元化成功。

京瓷公司是日本企业多元化发展的一个典型代表。日本京瓷公司是一家早期生产显像管绝缘材料“U形绝缘体”的企业，专为松下电子工业公司提供配套。由于产品过分倚重特定的领域，加上产品本身是中间品，容易受到上下游产业链的控制和影响，京瓷公司决定走多元化发展之路。京瓷公司在多元化的发展过程中，没有过分追求多元化，而是先从主业入手进行产品或产业延伸，实现相关多元化发展。在此基础上，京瓷公司不失时机地开展非相关多元化经营。并购重组是京瓷公司多元化发展的主要手段。京瓷公司从精密陶瓷产品起家，多元化产业不断丰富，逐步涵盖陶瓷刀具、陶瓷文具、珠宝首饰、手机、精密陶瓷零部件、半导体零部件、太阳能发电系统等。京瓷公司创始人稻盛和夫作为多元化经营的实践者和成功者，他认为：企业要想在有限的市场中维系持续发展，就必然进行开拓创新，力求实现企业经营的多元化。尤其是在当前这种市场与企业经营环境变化激烈的时代，如果企业只专注于某一单项的产品或业务，那么，这个市场本身甚至都有随时消失的危险。并且，企业也绝不应该将自身的命运寄托在某一个产品或者某一项业务上。

以印度、韩国、泰国、新加坡为代表的亚洲新兴经济体国家的多元化，与美国的多元化发展轨迹“专业化—多元化—归核化”有所不同。这些亚洲新兴经济体国家将多元化作为企业发展的主要路径，企业在多元化成败之间博弈并成长。受益于20世纪亚洲经济迅速增长带来的发展机会，亚洲新兴经济体国家政府出于推动本国经济发展和提升本国企业竞争力的需要，有意在政策和金融上倾斜以辅助本国企业实施多元化。加上本土大企业更容易受到跨国公司的青睐，与之形成合作关系或合资公司，借助于跨国公司在技术、管理和资本方面的优势，亚洲新兴经济体国家在多元化发展中取得了“后发优势”，成就了一批享誉世界的大企业。比如，印度最大的企业塔塔（Tata）公司，自1874年创办纺织厂以来，陆续涉足钢铁、电力、水泥、机械、化工等十多个行业。20世纪60年代，韩国三星、现代、SK、大宇、LG等企业，在政府的支持下迅速成长壮大起来，这些韩国大企业通常跨越十几个甚至几十个产业。泰国正大集团自1921年创办以来，已从经营单一业务的“正大庄种子行”发展成为以农牧食品、批发零售、电信电视三大事业为核心，同时涉足金融、地产、制药、机械加工等十多个行业和领域的多元化跨国集团。新加坡淡马锡公司作为一家百分百的国有控股企业，自1974年成立以来，业务涵盖运输、港口、电力、航空、金融、通信、造船等新加坡经济的主要领域。淡马锡公司以控股方式管理着23家国联企业，下属各类大小企业总计有2000多家。当然，它们中也有一些优秀的大企业因为多元化而惨遭失败。

1997年亚洲金融危机给亚洲新兴经济体国家带来了毁灭性打击，尤其是泰国与韩国受到的冲击最为严重。面对此次金融危机，新加坡淡马锡公司不得不实行战略收缩，公司平均投资回报率由20世纪80年代的18%跌到2002年的3%。泰国股市下跌了75%，资产超过50亿美元的泰国最大金融公司——第一金融（Finance One）在这次金融危机中倒闭了。泰国石化工业有限公司（Thai Petrochemical Industry，TPI）因为35亿美元债务无法偿还而被迫于2000年破产重组。韩国三十大财阀企业中有16家遭到清理，33家大型银行里有15家宣告倒闭，2100家金融机构中约三分之一破产关门。曾经风光无限的韩国大宇集团，最终未能逃脱这场金融危机，被迫于1999年宣告破产。在此次金融危机中倒下的韩国大企业还有：彼时的韩国第八大企业起亚、第十二大企业汉拿、第十四大企业韩宝、第十九大企业真露等。三星、现代、LG等企业虽然侥幸躲过这场金融危机，但是元气大伤。

20世纪80年代美国企业开始去多元化，实行“归核化”的时候，正逢1978年中国改革开放。随着中国打开国门融入世界，市场经济孕育的巨大活力像火山爆发一般，给中国带来一日千里的发展速度，形成中国多元化的第一波浪潮。例如，创立于1984年的万科，最初从事录像机进口贸易。到1991年底，万科业务已经涵盖进出口、零售、房地产、投资、影视制作、广告、饮料、机械加工、电气工程等13个行业。1992年，邓小平南方谈话掀起了中国第二波多元化浪潮。同年，海尔结束了长达7年的专业化经营，开始由冰箱业务陆续扩展到空调、电视、电脑、洗衣机、小家电和手机等其他业务。

在中国第二波多元化浪潮中，最具有代表性的企业有德隆、亚细亚、三九、太阳神、中策等当时的多元化“明星企业”。这些企业以“跑马圈地”的方式疯狂扩张，全然不顾自身的能力和资源是否匹配。加上多元化产业缺乏核心竞争力、企业过度负债经营、管理跟不上等原因，大多数企业最后都是惨淡收场。比如，德隆在不到10年时间里，通过并购先后进入电动工具、水泥、对外贸易、旅游、粮种、农业生产资料、金融、汽车零部件、矿产、零售、食品加工、房地产等12个行业。到德隆危机爆发之时，德隆系相关企业已超过120家，资产超过1200亿元，控制10多家上市公司及17家金融机构。到20世纪90年代末期，中国宏观经济供求关系由短缺转向相对过剩，中国的多元化浪潮遭遇“寒流”。这些过度多元化的企业不得不“去多元化”。万科从1997年开始主动剥离地产业务以外的其他产业，到2002年，万科已成功转型为一家专业化的地产公司。2004年，德隆终因资金链断裂而宣告破产。亚细亚因为亏损而倒闭，三九同样因为亏损而被华润并购，太阳神失速后一蹶不振。面对一直亏损的中策集团，创始人黄鸿年也不得不在2000年卖掉所有股份，回到新加坡从事慈善事业。

2005年，中国开启了第三波多元化浪潮。第三波多元化汲取了之前多元化失败的经验教训，多元化企业将母公司变成投资公司，聘请职业经理人对新业务进行管理，让专业的人做专业的事，避免多元化业务因管理者不专业而带来的一系列问题。这显然是一种进步，但是这并没有从根本上改变中国企业多元化“波浪”式的发展轨迹和多舛的命运。到2018年，随着中国经济进入实质性大调整，中国企业遭遇第三次多元化寒流，一批多元化“明星企业”纷纷陨落，其中不乏方正集团、紫光集团、海航集团、恒大集团等行业巨头。纵观中国的3次多元化浪潮，每次浪潮的间隔期大约是13～14年。中国历次多元化失败的经验表明：产业竞争力是企业多元化的基础，没有产业竞争力的多元化，其实就是简单的“归大类”，企业多元化的规模越大，风险就越大。这就是最近几年以来中国有那么多企业因多元化而破产重整的主要原因。

美国企业多元化的市场环境相对成熟，产业组织结构比较稳定，行业门槛相对较高。加上美国制造业发展速度缓慢，利润率也不高，企业向外部发展的成长空间小、机会少，限制了跨行业企业的进入，可供美国企业选择多元化的行业和机会有限。然而，包括中国在内的亚洲新兴经济体国家则不同。经济高速发展蕴含着大量的市场机会，面对机会丛生的市场，尽可能占有更多的资源，尽快实现资本的原始积累和扩张，是企业的本能愿望，这也推动了亚洲新兴经济体国家多元化发展的浪潮。

中国经济的快速增长，催生了中国企业多元化的发展，也缔造出一批成功多元化的企业。加上早期很多企业尚处于经验管理阶段，管理水平高的企业即便进入一个陌生的行业，也完全可以通过资本、品牌和管理取得相对竞争优势，获得经营上的成功。如今，中国几乎每个行业都处于充分竞争状态，企业盈利能力越来越弱。据国家统计局数据统计，2019年中国制造业的平均净利润率尚不足6%。如今，中国企业的管理水平普遍比过去有了长足的进步，企业竞争力很难通过市场的某个机会，或者某个特殊的企业管理能力来获得。像曾经的美国企业一样，中国企业多元化的难度越来越大。过去那种只求大不求强，简单、盲目多元化模式已经走到了尽头。

如今，中国企业多元化越来越趋于理性。据统计，2003年中国“新财富”500富人榜前100名的富豪，到2019年只剩下10名在榜。这10名富豪的企业全部实行多元化经营，至少拥有4个以上产业。很显然，多元化已经成为中国“新财富”顶尖富豪们保持财富增长的共同选择。相反，“新财富”富人榜中那些已经消失的企业家，大多属于公司主业单一、市场增长空间相对有限、所处行业又恰好存在周期性变化的情形。当行业处于上升期，他们的财富跟着水涨船高；当行业步入衰退期，他们的财富也会随之缩水，甚至遭淘汰出局。例如，2006年，无锡尚德电力创始人因为光伏发电行业的大发展，荣登当年中国“首富”。然而，不久之后，在欧美国家“双反”政策的强烈冲击下，中国光伏行业产能严重过剩，尚德电力因此深陷财务泥潭，于2013年遭遇破产重整。中国煤炭行业巅峰时期的2008年，登上福布斯中国富豪榜的山西富豪有13位，其中有10位是“煤老板”。而后由于国内煤炭价格飞流直下，跌到“卖一吨煤的利润买不到一瓶饮料”的地步，煤炭行业呈现整体性衰退。到2014年，福布斯中国富豪榜上的山西富豪只剩下一位“煤老板”。与之形成鲜明对比的是，2001年之后进入钢铁、电解铝等重化工业领域的郭广昌、刘永行等企业家，他们财富的增长没有因为重化工行业的周期性衰退而受到影响。他们成功多元化的秘诀不是阻止行业衰退和业绩下滑，而是通过多元化投资有效地对冲重化工行业周期性衰退带来的业绩下滑和经营风险。

综上所述，我们不难发现，企业多元化的问题不在于多元化本身，而在于企业过度或过早多元化，忽视了企业核心竞争力的培育。盲目多元化导致产业选择错误，以及多元化之后的消化不良。尤其是在主业不稳的情况下，企业过度多元化必然导致资源的分散和竞争优势的下降，进而拖累主业的发展。多元化如同一把双刃剑，运用得好，就是一个“馅饼”，可以帮助企业迅速做大做强；运用不当，就会变成一个“陷阱”，给企业带来灭顶之灾。如果一个企业拥有雄厚的资本实力、成熟的管理体系和较强的运营能力，那么它就无须画地为牢，自甘与中小企业为伍，完全可以大胆地选择多元化。否则，就应该坚守专业化。正如海尔张瑞敏所说：企业发展的关键不在于是否要进行多元化，而是在于到底有没有能力进行多元化。真正优秀的企业在经营过程中会做到“多元化”与“专业化”经营协调发展。在专业化经营基础上实现多元化发展，在多元化发展的过程中进一步增强专业化经营实力。即企业在多个领域中形成专业化经营的优势，并利用多领域发展的机会形成更强的核心竞争力，实现企业健康、长久发展。

三、业务聚焦的方向与途径

诺基亚前董事长兼首席执行官约玛·奥利拉（Jorma

Ollila）曾经说过："如果你要在世界范围内站住脚，你就必须在你从事的领域内挤进前三名。只有这样，你才有可能取得盈利性增长。而一个企业不可能在方方面面都领先，因此，你必须学会专注。"在1992年之前，诺基亚的产品线还很长。除了移动通信产品，诺基亚还生产电视机、电脑、电线甚至胶鞋等产品。约玛·奥利拉就任诺基亚总裁后，推行以移动电话为中心的专业化发展战略——他将诺基亚的造纸、轮胎、电缆、家用电器等业务要么压缩到最低限度，要么出售或独立出去，甚至忍痛割爱，砍掉了当时位居欧洲第二的电视机业务，集中诺基亚90%的资源来加强移动通信器材和多媒体技术的研发。

20世纪90年代初，当全球移动电话进入2G时代，诺基亚迎来了它的高速发展期。1998年，诺基亚全面超越摩托罗拉、爱立信这两个主要竞争对手，一跃成为世界上最大的移动电话生产企业。诺基亚功能手机的全球市场占有率曾经一度高达35%，并保持年均50%以上的增长速度。由约玛·奥利拉一手创造出来的这一增长速度，在手机行业至今无人超越。诺基亚进入当时世界十大上市公司之列，其一年的利润就占到芬兰国家GDP的10%。约玛·奥利拉通过向移动电话业务聚焦，仅用6年时间就缔造出了诺基亚的发展神话。诺基亚取得的巨大成功不仅仅是约玛·奥利拉个人在事业上的成功，更是诺基亚业务聚焦的一次成功。

业务聚焦是重启增长引擎的首要问题。业务聚焦不是简单地做减法，搞绝对的专业化。企业可以聚焦于多个优势领域，像韦尔奇对通用电气的业务聚焦那样，由之前的64个行业部门聚焦到12个。业务聚焦也不是简单地选优，在“烂苹果”里选“好苹果”，而是选择在行业或细分市场上处于领先地位的业务，这才是业务聚焦的真正目的和意义所在。仅有业务聚焦而没有业务竞争力的重构，并非真正意义上的业务聚焦。业务聚焦需要像约玛·奥利拉时代的诺基亚那样，几乎投入公司的全部资源来培育战略性业务的市场竞争力；或者像韩国SK集团、日本富士胶片公司那样，通过并购来构建自己的战略性优势业务。

一般来说，业务聚焦有三个方向：其一，将企业经营的业务聚焦到拥有很好成长性和竞争优势的业务上；其二，把企业经营与发展的重点聚焦到核心业务价值链上最具优势的环节上，而将不具有竞争优势的业务剥离或外包；其三，聚焦并强化企业核心能力的培育、维护和发展。

韩国SK集团是聚焦兼有成长性和竞争优势业务的典型代表。其是韩国知名的多元化产业集团，旗下拥有六大产业板块，其中，能源化工、信息通信是SK集团的两大支柱产业。SK集团的产业布局高度契合韩国产业发展政策，聚焦兼具规模和长期成长潜力的产业，通过阶段性的聚焦发展以获取领先的市场地位。并购关键企业，建立产业竞争优势，是SK集团发展的主要手段。比如，通过并购韩国移动，SK电讯成为韩国前三大电讯企业；通过并购现代海力士，SK集团成为全球第二大内存芯片制造商。SK集团有清晰的产业布局逻辑，从明确产业方向开始，切入核心细分市场及并购龙头企业，并逐步进行产业链延展，最终形成牢固的市场地位。此外，SK集团形成了自己的投资原则，对投资目的、控制条件、资金来源等都做出了明确规定。SK集团的投资目的是实现外延式增长，构建产业竞争力。SK集团对于投资企业必须拥有绝对控制权，以便对投资业务进行长期培育，利于驱动被投资企业的运营能力提升和业务协同。为了规避外来资本对SK集团自主决策的潜在影响，SK集团的投资以自有资金和贷款为主，最大限度地保持自主决策，以及投资业务的长期性和稳定性。

自20世纪90年代以来，全球范围内出现了产品和资本供给过剩的情况。在发达国家，大公司正在逐步丧失市场竞争力。为了市场竞争需要，大公司开始进行产业间的分工和重组以寻求优势组合。其中，一些大公司通过对产供销价值链的分析，将自己的主业聚焦于附加值高且拥有竞争优势，或垄断优势的领域，而将那些不怎么创造价值的业务外包，或者剥离给比自己做得好的企业，以此打造产业链的比较优势。最具有代表性的案例是IBM。2005年之前，IMB个人电脑（PC）业务长期处于亏损状态，即便在最好的年份，其销售利润率也不足1%。为了清理不良资产，整合优质资源，IBM将PC业务出售给了联想集团，自己则专注于更高价值领域的系统集成、软件和服务等业务。此次并购对于IBM的好处不言而喻；对于联想来说亦是如此：得到了国际市场的销售渠道，获得了IBM在笔记本电脑上的技术，提升了联想的品牌形象，并由此一跃成为全球第二大PC制造商。

另外一些大公司，则在高度相关的核心业务基础上实行“强强联合”，以打造更为强大的核心能力。即通过同行业中核心业务近似的优势企业之间的合并，在维持市场份额不变的条件下，进一步加强企业的核心能力，扩大生产规模，降低运营成本，以获取更大的经济效益。在此背景下，引发了20世纪90年代中期以来，在全球范围内同行业大企业间的水平并购浪潮。“强强联合”成为大企业争夺全球市场的重要手段。截至目前，这一趋势依旧在继续。最典型案例莫过于美国波音公司兼并麦道公司（McDonnell Douglas Corporation），这是美国航空制造业“老大”对“老二”的兼并。此次兼并之后，世界航空制造业由波音公司、空客公司、麦道公司3家企业的竞争格局，变成了波音公司与空客公司2家企业之间的超级竞争。兼并后的波音公司更加强化了其在航空制造技术领域的核心能力，综合竞争力大大超过了空客公司，取得了整体比较竞争优势。波音公司因此成为全球航空制造业的“绝对霸主”。

业务聚焦的关键是确定企业的战略性优势业务，如何判定战略性优势业务？麦肯锡矩阵为我们提供了一种分析工具，它从业务竞争实力和行业吸引力两个维度进行分析，简单来说就是：将业务竞争实力强、行业吸引力强的业务确定为战略性优势业务；将业务竞争实力弱、行业吸引力强的业务确定为有潜质的战略性业务；将业务竞争实力弱、行业吸引力弱的业务确定为淘汰业务；将业务竞争实力强、行业吸引力弱的业务确定为逐步退出或调整业务。企业要重点发展战略性优势业务；加大投入培育有潜质的战略性业务的市场竞争力，使之成为战略性优势业务。除此之外，其他业务要么放弃，要么调整。

并购是西方企业打造战略性优势业务的主要途径。比如，杰克·韦尔奇在拯救失速的通用电气公司（GE）时，总共投入超过210亿美元，实施了370起并购，从而使得GE所有多元化产业都处于行业“数一数二”的地位。富士胶片在面对行业整体价值转移时，同样是通过40多起并购，先后进入医疗健康、高性能材料、文件处理、电子影像、印刷、光学元器件等六大产业，并保持每个产业都处于行业的领导地位，彻底摆脱了胶卷行业大衰退给富士胶片带来的不利影响。并购也是京瓷公司开展多元化经营的主要方式，京瓷公司并购企业有一个共同特征，那就是都与高科技密切相关。高科技产业的高利润和高增长，可以确保京瓷公司每一个多元化产业都拥有足够的市场竞争力，而高科技公司的高成长性又可以确保京瓷公司的长远发展。

如今，中国企业也越来越多地通过并购实现产业扩张和产业竞争力的重构。比如，在黑色家电领域表现强势的海信电器，通过并购在白色家电领域处于强势地位的科龙电器，使其冰箱和空调业务迅速上升到行业第三和第四。同样，在黑色家电领域表现强势的四川长虹，通过并购在冰箱领域占据优势的美菱电器，使自身的冰箱业务直接由零变成行业第四，不仅弥补了其在冰箱业务上的空白，而且也使其白色家电产业在美菱电器的平台上实现了整合，极大地增强了四川长虹在白色家电领域的竞争力。海信电器、四川长虹都是通过并购弥补了各自业务链上的短板，强化了品牌的影响力和竞争力，在做大做强家电业务上更进一步，实现向家电企业综合竞争力的聚焦，而不是在某几个家电产品上的聚焦。

并购是企业聚焦战略性优势业务最快速、最直接的方式，但是，其局限性也是显而易见的。首先，企业要找到符合自己投资意愿和投资偏好的标的公司；其次，标的公司要愿意出售公司的控制权且出售价格相对合理；最后，并购企业要有并购管理整合能力。并购的最大风险之一是失败率较高，根据美国《首席财务官》（*CFO*）杂志曾经对《财富》500强企业做的调查结果显示：并购的结果有75%是失败的，仅有23%的并购企业收回了并购成本。企业并购成功率之低，英国《经济学人》对此做了一个生动比喻："企业并购的成功率比好莱坞明星的婚姻成功率还要低。"即便如此，并购仍不失为企业产业优化和业务聚焦的优先选择。根据相关研究报告显示：2021年，中国A股上市公司控制权交易市场继续火爆，再创新高。有220家上市公司公告转让控制权，较2020年的185家增长了19%。在220家企业的控制权转让案例中，有130家已经完成交易，占全部公告转让企业的50%以上，其中主板完成92单，创业板完成38单。

成立于1996年的天际新能源科技股份有限公司，早期是一家生产经营小家电的企业。经营业务涉及各类陶瓷烹饪电器以及电水壶、豆浆机等小家电产品。由于小家电产品已经被美的、海尔、东菱等家电"巨头"所垄断，天际股份的成长空间越来越小，经营压力越来越大。2018—2020年，天际股份营业收入从8.60亿元下降到7.43亿元，净利润从盈利0.84亿元到亏损0.11亿元。如果扣除非经营性收入，天际股份这3年的扣非净利润是负值。也就是说，天际股份实际上已经"连亏三年"。2016年，天际股份以27亿元收购了新泰材料，进入六氟磷酸锂产业。六氟磷酸锂是锂离子电池电解液中的重要组成物质，由于与新能源汽车电池紧密联系在一起，天际股份赶上了新能源汽车发展的“风口”。2021年，天际股份实现营业收入22.53亿元，较上年同比增长了203.2%；实现净利润7.45亿元，较上年同比增长了7011.3%。六氟磷酸锂产业在2021年给天际股份带来了18.34亿元的营业收入，占公司全部营业收入的81.4%。天际股份通过并购，成功实现了由失速的小家电业务，向高速增长的新能源汽车电池材料业务的转换。这是企业通过并购途径实现向战略性优势业务聚焦的经典案例。

然而，也有少部分企业像诺基亚那样，通过内部孵化培育战略性优势业务。内部孵化时间长，成功率低，并非每个企业都适合采用这种方式。一旦孵化业务选择错误，或者孵化失败，都会给企业带来巨大的经济损失。当然，如果孵化业务选择正确并孵化成功，企业就可以顺利完成产业转型，实现向战略性优势业务聚焦。内部孵化需要企业有强大的经济实力，能够承受长时间的研发投入，而最终的孵化结果很可能是没有结果，企业面临较大的投资风险。此外，企业还需要有丰富的技术资源、社会资源等，以及良好的人才环境、产业环境和融资环境。如果缺少这些资源和环境的支持，企业同样无法成功内部孵化新业务。

创立于1997年的天华超净，成立之初主要从事防静电技术产品的研发、生产和销售。2015年天华超净涉足医疗器械行业，开始多元化发展。2018年，天华超净与长江晨道、宁德时代等成立合资公司“天宜锂业”，涉足新能源汽车和储能领域的电池级氢氧化锂等锂电材料制造。2020年，天华超净通过收购天宜锂业小股权成为控股股东，实现向锂电材料产业的转型。据统计，2015—2019年，天华超净营业收入年均复合增长率为13.3%，净利润年均复合增长率为6.98%。而从2020年开始，因锂电材料市场需求大幅度增长，天华超净迎来了高速发展期。年报数据显示，2021年天华超净实现营业收入33.98亿元，净利润9.11亿元，分别较上年同比增长158.7%和218.4%。其中，锂电材料收入为23.16亿元，占天华超净全部营业收入的68.2%。很显然，推动天华超净“华丽转身”的最大功臣是锂电材料业务。天华超净的市值也随之水涨船高，2020年初，天华超净市值还不到35亿元，到2021年9月，其最高市值冲到了793亿元，在不足2年时间内，市值就暴涨超过22倍。2022年上半年业绩报告显示，天华超净实现营业收入77.8亿元，同比增长443.2%；实现净利润35.1亿元，同比增长1023.4%。企业总资产和净资产也分别同比增长80.3%和78.6%。天华超净通过内部孵化战略性优势业务，居然带来了如此高的增长速度，令人惊叹！

事实证明，几乎所有大的成功企业，都是在不断地进行产业优化和业务聚焦中发展起来的。例如，比亚迪在其手机电池还在鼎盛之时，就开始培育新业务，进入新能源汽车行业。之后，又选择进入半导体、轨道交通等新产业。比亚迪在其26年的发展历史中，平均每4～5年便进行一次产业转型，以此培育企业新的业务增长点。不断地通过并购来培育战略性优势业务，是企业生存和发展的优先选择。然而企业在已有熟悉的产业外，选择一个不熟悉的业务作为战略性优势业务，并不是一件容易的事。当一项业务被所有人都看好的时候，基本上就没有多少投资机会。即便有，过高的投资成本也会让投资失去价值。业务越是早期，越不容易被人看好，投资机会就越多，未来成功的收益就越大，但投资的风险也会相应增大。若要保证战略性优势业务的选择成功，企业需要综合考虑产业规模、业务增速、竞争格局、进入门槛，以及投资时机、投资风险及投资回报率等多方面因素。业务聚焦是企业重启增长引擎的前提，而选择战略性优势业务是业务聚焦的核心。业务聚焦同时也是企业资源和注意力的聚焦，没有业务的聚焦，就没有企业的未来。

第　三　章

组织转型

自然界中很多动物在成长过程中都存在着蜕变现象——从青蛙到比目鱼，从蝴蝶到水母。家蚕是由蚕卵孵出的幼虫（又称蚁蚕），经过4次蜕皮后进入末龄期成为熟蚕；熟蚕吐丝结茧后再经蜕皮化为蚕蛹；蚕蛹羽化后成为蚕蛾。至此，家蚕完成整个蜕变过程。动物在蜕变过程中，形态和构造会经历阶段性剧烈变化，有些器官退化消失了，有些器官得到改造，而某些新的性状会产生。蜕变是动物基因与外部环境共同作用的结果，美国博物学家布林克（Hanna Ten Brink）博士在《美国博物学家》杂志上发表观点宣称：动物蜕变是为了吃到更多的食物。

企业在生命周期里也存在着类似于动物的蜕变行为。企业为了适应环境变化和竞争需要，需要不断调整、变化组织形态和管理模式，表现为企业组织中的某些职能得到加强，某些职能被弱化或取消，新的组织应运而生。组织转型是企业主动进行自我变革和自我完善的一种行为，贯穿企业生命周期的始终。组织转型的最终目的是提升企业竞争优势，以获得更多的客户和更大的市场占有率，仅从这一点来看，组织转型与动物蜕变有异曲同工之处。

组织是企业战略的实施载体，是企业经营活动有效开展的重要保障。市场和环境总是在变，企业过往取得成功的基础在竞争对手的赶超下，正在日渐弱化。置身于复杂多变的市场，任何企业都不可能无动于衷，以不变应万变。企业无法在不放弃原有的经营理念、管理模式及成功经验的情况下获得真正意义上的成长。成长，意味着不断打破常规。激烈的市场竞争需要企业不断地对产品功能、运营方式、商业模式、组织形态及管理模式等进行适时的变革和创新，以取得竞争优势。

失速企业的最大问题是，企业与市场渐行渐远，直到无法向市场提供有价值的产品和服务，最后被市场所抛弃。究其原因有四：市场环境变了，企业战略没有变；企业战略变了，组织形态没有变；组织形态变了，人员和流程没有变；最可怕的是，市场没有发生太大的变化，企业却变了，变得越来越混乱、低效和平庸。组织转型是企业重塑竞争力的主要手段，也是企业重启增长引擎的重要内容。

一、组织转型重构增长极

企业竞争力是企业资源配置的结果，更是企业组织要素有机整合的产物。新技术的层出不穷、新市场带来的新机遇、新的业务模式、新型的市场竞争关系、新客户的需求与期望等，催生了企业组织转型。市场竞争必然导致企业的盈利能力和竞争优势逐步减弱，企业所能采取的应对策略唯有战略调整和组织转型，以重塑竞争优势。海尔的"人单合一"、腾讯的"网络组织"、阿里的"中心化组织"，都是伴随着企业战略的系统演化过程而不断调整的，其中包括业务和职能的战略重组、组织和团队的"新陈代谢"等。

近年来，互联网技术的飞速发展带来了数字化革命，对企业产生了深刻影响。最大的影响是客户需求多样化与个性化趋势愈发明显，产品形态和服务模式随之呈现新的改变。在工业化时代，受囿于以产定销的经营模式，客户的多样化需求无法及时传递给企业。同时，企业基于成本考虑，也不可能无条件满足市场的多元化需求，只能提供标准化产品和服务。如今，日益成熟的互联网与数据技术，让企业满足客户个性化需求成为可能。客户需求能够跨越时空与企业实时在线交互，大数据技术给企业提供了更精准的市场信息，智能化、柔性化的生产系统使企业的生产与服务效率大大提高且更加灵活，让过去的不可能变成了可能。这些变化也要求企业必须进行组织转型以适应新的环境。

组织转型是企业重塑竞争力的主要抓手，同时也是企业实现良性增长的重要举措。狭义的组织转型是企业为了适应环境变化和竞争需要，对组织形态和管理模式所进行的变革。广义的组织转型是包含业务转型在内的涉及企业组织形态和管理模式的所有变革。组织转型的目的不仅仅是追求组织效能的最大化，更重要的是重塑企业的竞争优势，使组织更好地与战略相匹配，并最终实现企业的战略目标。任何一个成功企业的成长过程都经历过不止一次组织转型。比如，韩国SK集团至今为止已经历过三次大的组织转型：第一次是由纺织跨越到聚酯纤维；第二次是延展纤维产业链，进入能源（石油）行业；第三次是进军信息通信技术及半导体行业。华为自成立以来同样经历过三次大的组织转型：第一次是由程控交换机代理商向生产销售商转型；第二次是由国内市场向国际市场转型；第三次是由运营商客户向运营商事业群、企业事业群和消费者事业群转型；等等。

中国家电企业从小到大、由弱变强的发展过程，其实就是不断地进行组织转型的过程。改革开放之初，日本家电产品风靡中国。当时，中国家电市场销量最大的前六个品牌全部是日本企业，分别是索尼、松下、日立、东芝、夏普和三洋，日本还是当时全球家电出口量最大的国家。然而，时至今日，曾经在中国市场上叱咤风云的日本六大家电品牌基本上销声匿迹。日立、夏普、东芝的家电业务已经被中国企业收购；三洋已沦为家电企业零配件提供商；索尼和松下已经转行不再做家电业务。中国也已经取代日本成为世界家电出口大国。中国家电产品的竞争力不仅体现在成本优势上，而且在更为关键的技术升级和品牌影响力上，也形成了真正意义上的竞争力。研究中国家电企业的组织转型，可以帮助我们更好地理解组织转型的内涵与实质，以及企业如何通过组织转型重构增长极，实现企业的良性增长和可持续发展。

TCL发展历史上共经历过五次组织转型。1998年，TCL导入现代经营管理理念，由初创期企业的经验管理向现代企业管理转型；2002年，TCL开启国际化之路，由国内企业向国际化企业转型；2010年，TCL进入半导体显示产业，由终端产品制造向高科技、重资产、长周期产业转型；2017年，TCL推动向全球领先能力建设转型；2020年，TCL完成对中环集团的并购，进入新能源光伏及半导体材料产业，完成了向高科技企业的转型。TCL通过一次次成功的组织转型，逐步由一家家电制造企业升级为具有全球竞争力的智能高科技产业集团。2021年，TCL实现整体营业收入2523亿元，同比上年增长了65%；实现净利润171亿元，同比上年增长了129%。TCL的组织转型成果斐然！

2018年，美的开启了开展历史上第四次组织转型。在这次组织转型中，美的借鉴中央军委“军委管总、战区主战、军种主建”的改革思路，将美的总部定位为集团中枢，总管集团旗下所有业务，其中包括集团战略与投资业务；将全国各城市的商务中心定位为“战区”，联合美的空调、冰箱、洗衣机、小家电等各产品事业部，在“战区”内实行产品统一销售，提高美的对区域市场的控制力，降低营销费用，提高营销效率；将美的各产品事业部定位为各“军种”，负责产品的生产制造，以最大化满足各“战区”的需求，承担类似原始设备制造商（original equipment manufacturer，OEM）的角色。美的组织转型之后的统计数据显示（见表8）：2018—2020年，美的营业收入由2596.6亿元上升到2842.1亿元，年均增长率为5.7%；净利润由202.3亿元上升到272.2亿元，年均增长率为16.4%。毫无疑问，美的第四次组织转型取得了成功。

表8　美的2018—2020年营收及利润统计

指标	2018年	2019年	2020年
营业收入/亿元	2596.6	2782.2	2842.2
较上年营收同比增长率/%	7.9	7.1	2.2
归母净利润/亿元	202.3	242.1	272.2
较上年归母净利润同比增长率/%	17.1	19.7	12.4

【数据来源】上市公司年报。

研究发现，组织转型成功与失败并存，但失败者居多。影响组织转型成败的三个关键要素是人（person）、市场（marketing）和文化（culture），简称PMC。人是组织转型中最大的影响因素，组织转型的最大障碍是没有正视人的因素。组织转型势必涉及经营理念革新、业务和商业模式创新等，这些都需要企业有新的理念、思路和方法。企业原有人员受囿于自身能力、工作环境和管理视野的影响，很难在组织转型中实现真正意义上的突破。为此，有些企业寄希望于“空降兵”来推动组织转型，但成功者也寥寥无几。因为新老员工之间的融合需要时间，“空降兵”最终还是需要通过带动企业原有人员的能力提升，以及组织体系的重新建设才能真正产生效果。而企业领导人往往缺少耐心和智慧来引导这个过程的转变，致使组织转型过程冲突不断。一旦经营业绩下滑，企业领导人就会失去耐心，很快便退回到之前的状态，“空降兵”也会离开。所以，从根本上讲，组织转型就是人的转型，尤其是企业领导人的自身转型。

市场是组织转型关注的核心。不少企业在组织转型中醉心于改进组织结构、工作流程、产品技术等技术性操作，忽视了市场这个根本，最终导致组织转型失败。市场和客户是企业经营管理的出发点和落脚点，为客户提供产品和服务是企业生存的唯一理由。如果组织转型不能对市场和客户产生积极影响，不能给企业带来收入和利润的增长，组织转型就是失败的。

2000年初，科龙开启历史上第一次组织转型。此次组织转型主要体现在三个方面：第一，实行经营层与管理层分离。集团副总裁将不再兼任事业部总经理，解决集团副总裁“既当裁判员又当运动员”的问题。第二，由事业部制模式转变成为职能制模式。将原来隶属于各产品事业部的营销部门整合在一起，成立集团营销中心，统一对各事业部产品

（冰箱、空调、小家电）进行销售，加大集团对市场的控制力，提高营销效率、降低营销费用。与此同时，在总部成立中央研究院，负责集团超前产品和技术的研发，而各产品事业部仅负责现有产品的设计、制造与创新。第三，对集团总部进行机构精简，对集团中层干部进行优化，以提高组织效能、降低管理费用。统计数据显示：在这次组织转型中，集团总部职能部门数量压缩了36%，总部管理及辅助人员数量精减了22%。同时，实行全员竞争上岗，淘汰一批不适应公司发展需要的中层干部。科龙当年实现营业收入44.10亿元，较上年同比下降24.3%；净利润由上年的6.43亿元下降到-6.78亿元。营收和利润数据表明：科龙第一次组织转型失败了。

组织转型的另一个关键因素是文化。组织转型必然会带来组织变革和人员调整，产生巨大的不确定性。哪里有组织转型，哪里就会出现质疑声，尤其是那些因为组织转型而导致个人利益受到影响的干部员工。对失去既有权利的畏惧、对旧观念的固守、对未来不确定性的恐惧，尤其是文化冲突，是影响组织转型成功的最大障碍。共同的愿景和改革的共识是确保组织转型成功的关键，愿景是引导并激励员工积极参与组织转型的灯塔，如果缺乏愿景，员工在面对变革时就会提出争辩甚至质疑，从而影响组织转型的具体实施及最后的效果。没有共同愿景的组织转型，上下很难达成共识，不是方向不对，而是没有明确的方向。在此情形下，组织转型就会陷入盲动状态。共识是企业全体员工共同拥有的认知，是凝聚人心的重要手段。如果缺乏共识，组织转型就会变成一系列混乱的、不协调的、纯粹浪费时间的操纵，自然就不可能有好的结果。

2001年，科龙被格林柯尔并购。格林柯尔入主科龙后，没有改变科龙的组织形态和管控模式，只是在两个方面实施了变革：其一，全面更换科龙高层管理团队，同时将部分中层关键岗位人员替换成格林柯尔人员；其二，开展“整风运动”，重塑科龙价值观和行为准则。通过批评与自我批评，格林柯尔对科龙中高层管理人员进行新文化导入和培训。同时淘汰了一批不认同新文化的干部员工。2002年，科龙实现扭亏为盈；此后3年（2002—2004年），科龙营业收入年均增长率达到28.2%，净利润年均增长率达到25.0%（见表9）。连续3年快速增长的业绩表明：科龙于2000年开展的组织转型在此时才真正获得成功。很显然，这与格林柯尔重视人员和文化的因素密不可分。

表9　科龙被并购后三年营业收入及其利润统计

营业收入与净利润指标	2002年	2003年	2004年
营业收入/亿元	48.78	61.68	84.36
营业收入较上年同比增长/%	21.3	26.5	36.8
净利润/亿元	1.01	2.02	−0.64
净利润较上年同比增长/%	106.8	100	−131.7

【数据来源】上市公司年报。

2005年，海尔创始人张瑞敏提出“人单合一”的商业模式，拉开了海尔组织转型的大幕。所谓“人单合一”，就是要求海尔的每个员工直接面对用户，并在为用户创造价值的过程中实现自身的价值分享。“人单合一”之后，海尔以前的“在册”员工变成了“在线”员工，通过“官兵互选”机制搭建“小微团队”（包括创业小微、转型小微、生态小微三类），不同的小微团队按照市场化方式在海尔品牌下交换价值。海尔内部不再有上下级关系，只有三类人：平台主、小微主和创客。平台主做创业平台（但不是领导），为大家在他的平台上创业提供服务；小微主是海尔小微团队的负责人，一个小微团队通常不超过8个人；创客是海尔内部创业的员工。这三类人都是通过竞单上岗，按单聚散。“人单合一”组织转型改变了海尔过去的运作模式，带来了更高的增长速度和更丰厚的利润。年报数据显示：2005—2020年，海尔营业收入年均复合增长率达到18.5%；2020年，海尔的销售利润率是2005年的2.9倍。

“人单合一”组织转型的意义在于：海尔任何员工都可以凭借具有竞争力的预案竞争上岗，员工不再是被动的执行者，而是拥有“三权”（决策权、用人权和分配权）的创业者和合伙人。张瑞敏认为：“如果你能让企业的每一个人都成为自己的CEO，企业管理中的诸多难题就迎刃而解了。”海尔自2000年开始实施的“零库存”“分散性组织”，其本质就是“让员工不要和公司博弈，不要上有政策、下有对策，而是员工自己和市场博弈”。“人单合一”转型之后，海尔员工开始围绕着市场和用户转，而不再是围绕着领导和KPI转，从根本上解决了企业自觉执行以市场和客户为中心的问题，海尔因此得到了快速发展。

如果说科龙第一次组织转型、美的第四次组织转型是为了解决组织的效能问题，即通过变革组织形态和管理模式以提升企业的竞争力，海尔的“人单合一”组织转型是为了解决人的效能问题，即通过提升员工的自主性、积极性和创造性，全面带动企业组织效能和经济效益的提升，那么，TCL历次组织转型则涵盖解决组织效能、人的效能以及业务竞争力问题，最终目的还是打造企业增长极，全面提升企业竞争优势和经济效益。

组织转型是一项系统工程，无论企业出于何种目的，组织转型都是一项极具挑战性的工作，它需要综合考虑市场竞争环境和企业内部条件，以企业经营管理上的问题、难点和痛点为突破口，以组织转型为抓手，旨在提高企业竞争力和盈利能力。每一次都能成功实施组织转型的企业，最后都成了行业的领军者；而组织转型失败的企业，最终变成了MBA的反面教学案例。企业在实施组织转型的过程中，不仅要有坚定的决心和意志，还要有承受业绩下滑的思想准备和经济实力，最好还要有资深的管理变革专家的参与和支持。像当年TCL聘请IBM等咨询公司参与指导和帮助组织转型一样。纵观组织转型失败案例，不外乎在组织稳定性、业务竞争力、文化融合、员工支持度等方面出了问题。

二、组织转型的主要类型

组织转型是企业为了适应市场环境变化和竞争要求，对组织核心要素进行的一场由内到外的重大变革。组织转型强调组织变革的“根本性”特征，是企业从现行的组织模式转变到另外一种组织模式，并伴随着组织在使命、目标、结构和权力方式、企业文化等方面的深刻变化。成功的组织转型所带来的变化主要体现在：企业对市场和客户的响应速度不断加快；客户对企业的满意度不断提高；企业产品或服务的竞争力不断加强；企业的增长速度和盈利能力不断攀升；企业组织比过去更加精简、高效且执行力更强；企业的创新能力和团队精神比过去更好；等等。

常见的组织转型有如下11种类型。

1 由随机型成长向战略型成长转型

改革开放以来，中国经济在很长一段时间内表现为卖方市场，企业只要抓住市场的某个机会，就能获得商业上的成功。许多中国企业的成功不是战略的成功，而是赶上了时代的红利，因势利导。尤其是在计划经济向市场经济的转轨期，各种机会层出不穷，处于其中的企业自然而然选择“机会导向”——企业跟着机会走，哪里有钱赚，就到哪里去；什么东西赚钱，就做什么生意，完全不用考虑自身的资源禀赋和竞争优势。在“遍地机会”的环境下成长起来的企业，很容易陷入机会导向的成长误区。21世纪，中国经济进入“全面竞争”阶段，“野蛮生长”时代一去不复返，各个行业的市场都趋于饱和，竞争也已经从增量市场转换到存量市场。除少数拥有核心专利技术的企业外，几乎每个企业都处于充分竞争状态。任何企业想要生存和发展下去，都需要有高层次的战略定位能力，机会导向已经没有空间，企业需要由随机型成长向战略型成长转型。为此，企业要有清晰的战略意图、战略方向、战略框架，以及切实可行的战略路径、举措和行动方案。现代管理学之父彼得·德鲁克（Peter F. Drucker）说过：每当你看到一个伟大的企业，必定有人做出过伟大的决策。这个伟大的决策就是企业决胜未来的战略决策。

李东生曾经在复盘TCL失速时说过：TCL过去陷入了机会牵引的怪圈，看到什么产品有比较好的盈利前景就会考虑进入，而没有更多地从企业的能力是否匹配去考虑。TCL要由机会驱动转向战略牵引，整个发展路径要按照公司发展战略一步步去实施。企业的资源和能力是有限的，TCL需要集中精力在一些具有优势的产业上，用战略牵引来决定企业的未来发展。宋志平认为："战略是旗帜，是目标……做企业要先制定好战略，想清楚了再做，而不是边想边做。"2002年，中国新型建筑材料集团（中国建材的前身）资不抵债、前途渺茫之时，宋志平临危受命，任总经理一职。走马上任5个月后，宋志平主持召开了集团发展战略研讨会，与会专家和领导经过为期3天的充分讨论，最后一致决定：将水泥及新型建材作为中国新型建筑材料集团的战略性产业予以发展。殊不知，当时的宋志平及中国新型建筑材料集团对于水泥都是"门外汉"。为了配合此次战略调整，集团名称被更改为"中国建筑材料集团公司"。为了确保战略在执行过程中不偏离方向，宋志平每年都要在集团年会上不断重申战略思路，以确保集团战略能够得到有效落实。在宋志平的带领下，中国建筑材料集团公司取得了巨大成功，如今已经发展成为全球最大的基础建材制造商、世界领先的新材料开发商和综合服务商。集团旗下的水泥、商品混凝土、石膏板、玻璃纤维、风电叶片、水泥和玻璃工程等业务规模稳居世界第一。在宋志平看来：看到机会并抓住它，然后制定一个清晰的战略，并且义无反顾地执行下去，是企业的成功之道。

2 由传统制造企业向服务型制造企业转型

经过几十年的发展，中国制造业取得了举世瞩目的成就。目前，中国是世界上唯一一个拥有完整工业体系的国家。近年来，中国制造业占国内生产总值（GDP）的比重在波动中呈趋势性下降态势：由2016年的28.8%降至2021年的27.4%。如何推动中国制造业平稳运行和转型升级，成为社会各方关注的焦点。现代制造业的生产组织方式使得大规模生产变得越来越容易，产品质量已经不是难以解决的问题，企业单从产品角度取得竞争优势的难度越来越大。愈演愈烈的市场竞争，要求传统制造企业必须注重自身核心竞争力的培育。西方制造企业早已开始制造业服务化转型。所谓制造业服务化转型，是指制造企业通过向产业链上下游环节拓展，不断增加服务要素在企业投入和产出中的比重，从以生产制造为主向“制造+服务”转型；从单纯出售产品向出售“产品+服务”转型。相关研究表明：发达国家制造企业的服务化水平明显高于正处在工业化进程中的国家。在世界500强企业中，有56%的企业从事服务业。美国的制造与服务融合型企业数量已经占到制造企业总数的58%；欧洲装备制造业市场60%以上的利润来自服务收入。制造业服务化转型正在成为中国传统制造企业拓展盈利空间、重塑竞争优势的必由之路。

美国通用电气公司（GE）基于“技术+管理+服务”模式所创造的产值，已经占到GE总产值的三分之二以上。美国国际商业机器公司（International Business Machines Corporation，IBM）已经从一家单纯的硬件制造商完全转型为全球信息系统解决方案提供商，在IBM全球营收体系中，有大约55%的收入来自互联网技术服务。全球最大的航空发动机制造商罗尔斯–罗伊斯公司（Rolls-Royce PLC），已经成功转型为一家发动机维护、发动机租赁和发动机数据分析管理服务商。在中国，始建于1968年，距今有53年历史的陕西鼓风机（集团）有限公司，也已经由传统的透平鼓风机与压缩机制造商，转型为一家分布式能源系统解决方案商和服务商。20世纪90年代，当中国家电企业都在集中精力思考如何将产品销售出去的时候，海尔已经开始通过构建差异化服务拉开与竞争对手的差距。海尔的服务化转型有两个鲜明特点：其一，创新商业模式，以服务卖产品，以产品卖服务；其二，通过成熟产品生产的尝试性外包，寻求打造“轻公司”，以便集中资源和精力加强服务能力。海尔在中国家电行业开创了由传统制造企业向服务型制造企业转型之先河。优质的服务提升了海尔产品的竞争力，使海尔成为中国最优秀的家电企业之一，其成功经验被哈佛商学院收入MBA教学案例。

3　由价值链参与者向价值链组织者和领导者转型

产业价值链上有若干个环节，有一些环节的作用是组织者和领导者，另外一些环节则是被组织者和参与者。企业在产业价值链上到底是领导者还是参与者？或者说，从未来发展的角度来看，企业想要成为价值链上的领导者还是参与者？不同的选择意味着不同的地位、不同的结果。成为价值链组织者和领导者的意义并不在于企业最终拥有全价值链，而是在于企业能通过有效地组织价值链上分工协作的各个环节，打通产业价值链条，不断地为终端用户创造价值。实践证明，企业在价值链上越接近终端客户，企业的战略自由度就越高，经营自主权就越大，经营风险也就越低；反之，企业离终端客户越远则越被动，经营风险就越大。优秀的企业应该不断地强化与终端客户的关系，力求成为价值链组织者和领导者，而不仅仅满足于做价值链上一个被动的参与者。任何企业想要成为价值链组织者和领导者，就必须占领价值链上的优势环节，要么控制市场，要么控制技术或品牌。从价值链的低端向利润空间更为广阔的价值链高端跃进，由价值链参与者向价值链组织者和领导者转型，成为中国企业转型升级的主要途径。

红领集团早年是中国一家传统的OEM代工厂，长期处于价值链低端，不仅收益少，还严重受制于上下游。红领集团意识到“低成本+低价格+渠道”不是未来发展的长久之计。2003年，红领集团决定由大规模制造向个性化定制转型，即由价值链参与者向组织者和领导者转型，这次转型取得了巨大成功。Zara早年是西班牙一家小型的服装加工厂，靠给别人代工存活。Zara意识到，要想活得更好、战略空间更大，就必须要由价值链参与者转型成为价值链领导者。于是，

Zara开始自己开店卖服装，以便更好地了解顾客需求，反向成为价值链组织者和领导者。Zara在品牌定位和运营模式上取得了巨大成功，不仅带火了平价的快时尚品牌概念，也成为服装行业争相模仿的对象。宏达电（HTC Corporation）创立之初，是专门为美国康柏电脑、日本三菱等代工设计生产掌上电脑的公司，是台湾当时最大的掌上电脑和智能手机代工厂。宏达电不满足于价值链参与者的角色，2009年，宏达电决定彻底切断代工业务，转型做自主手机品牌“HTC Touch”。仅用2年时间，宏达电就由手机代工厂转变成为知名手机制造商，成为当时仅次于苹果、三星的全球第三大手机品牌，实现向价值链领导者的“逆袭”。诸如此类的案例还有很多，韩国三星电子也是从给GE代工微波炉、为Dell代工笔记本电脑起家，直到推出自有产品和品牌，成为当今世界著名的跨国公司，走的同样是向价值链领导者转型之路。

4 由要素投入型增长向创新驱动型增长转型

长期以来，中国依托廉价劳动力、低成本的资金和土地要素等资源禀赋优势迅速融入全球价值链分工体系，推动了中国制造业的持续、快速增长。中国制造业走的是一条“粗放型”发展道路，产量增加过于依赖初级要素的投入，持续发展主要依靠出口扩张的驱动，国际竞争更是依托劳动力等资源的低成本优势。因此，中国制造业发展呈现出典型的“两高一低”特点，即制造业的增长速度高，占GDP的比重高，但产品的附加值却较低，“大而不强”的问题比较突出。由于深受要素禀赋结构的制约，中国制造业在国际分工体系中依旧处于价值链的低端，专注于劳动密集型、微利化且低技术含量的加工、组装环节，使得中国制造业长期处于“被俘获”和“被压榨”的地位。随着中国人口红利逐渐消失，劳动力成本日渐攀升，资源、环境约束愈发趋紧，中国制造业投资回报的边际效益在递减，可投资的领域在减少。如果继续沿用过去那种要素投入型增长模式，必然带来更大的产能过剩问题。加上最近几年国外消费市场受到各种政治因素以及经济形势走弱的影响，中国制造业的可持续发展遭遇巨大挑战，依靠低成本要素投入和大规模投资驱动的增长模式已经不可持续，中国制造业转型升级迫在眉睫。

中车株洲电力机车研究所有限公司是中国制造企业创新驱动发展的成功典范，其自主研发的具有完全知识产权的国内首条、全球第二条专业化绝缘栅双极型晶体管（IGBT）芯片“睿芯”，不仅打破了该产品被德国和日本企业把控30多年的历史，为中国机车装上了“中国芯”，而且每年还为国家节约外汇近200亿元，解决了国内数以万计的人员就业问题。2000年，著名日用化学品企业宝洁深陷失速危机。新上任的宝洁总裁阿兰·乔治·雷富礼（Alan G. Lafley）认为，宝洁只有创新才能发展。于是，雷富礼在集团层面设置了一个独立于业务单元的机构——“未来工厂”，专门负责那些风险大、回报高的创新项目。同时，在业务单元设置“新业务开发机构”，负责在已有品牌中发现新的创意和机会，进行颠覆式或渐进式创新。宝洁对外还设置了一个“外部业务开发机构”，类似于风险投资公司，负责从企业外部寻找创意和机会。2001年，雷富礼更是做出一个重要决定，向外界敞开宝洁的大门以吸收更多创意的营养。他甚至为公司设定了一个目标，每年至少从外部获得50%的创新理念，鼓励员工以开放的心态拥抱一切，倡导与供应商、零售商、竞争对手一起协同创新。雷富礼倡导的创新驱动战略获得了巨大成功。2001—2007年，宝洁销售额增长了95%，利润增长了2倍，每股收益率年均增长了12%。同时，宝洁还打造了23个10亿美元的品牌、18个5亿～10亿美元的品牌，公司市值达到2000亿美元。雷富礼通过创新驱动发展战略，让失速的宝洁重启增长引擎。

5　由企业家个人驱动向组织驱动转型

一个企业能够做多大、走多远，很大程度上受制于企业家自身的格局和能力。企业家能否主动拥抱变化、自我超越、走出经验曲线，是决定企业发展高度和宽度的关键因素。现代企业管理的一个重要标志是，企业家个人能力与作用在逐步弱化，取而代之的是组织力的不断强大。尤其在企业多元化之后，企业家过往的经验和能力已经无法覆盖企业的各个业务领域，此时，组织力就显得无比重要。中国企业要实现真正意义上的健康发展，就必须要由“企业家的企业”向“企业的企业家”转型。“企业家的企业”往往将企业当成是自己的私有家产，员工仅仅是“雇员”，企业的所有工作都来自企业家的安排，企业家的要求是衡量工作好坏的唯一标准。公司大小事情都需要企业家亲力亲为，企业家因为事必躬亲而变得越来越能干，员工因为无法做主而变得越来越平庸。企业家追求的是自我价值和个人财富的最大化，当企业被视为个人化或家庭化的组织时，就很难让员工有共同的愿景和目标追求，也很难凝聚员工的共识，让大家一起朝着共同的目标努力奋斗。而企业组织力的根基在于组织成员拥有共同的使命、愿景和目标。只有将企业视为所有员工共同的家园；把在企业工作当成自己生命和生活中一个重要的组成部分；把做好工作、做好企业当成是自己的事来做，这样的企业才会有凝聚力和组织力。但是，“企业的企业家”则完全不同。企业家更多追求的是相关利益者的价值平衡，他甚至可以为了组织的整体利益而暂时牺牲个人私利，善于分享愿景、财富和权力。唯有“企业的企业家”，企业才有可能基业长青。

小米科技有限责任公司能在2016年低谷后迅速回升，不仅源于企业对技术的投入、营销路线的纠偏，更是源于组织的活力。正是组织活力焕发出来的创造热情与灵活变化，让小米迅速调整成功并走上历史巅峰。雷军从创业伊始就认识到“团队先于个人”，意识到互联网时代的创业不能靠单打独斗，必须要靠团队才行。雷军在创办小米的第一年，每天花在广纳贤才上的时间超过80%。他组建了当时称得上超豪华的创业“梦之队”。大量优秀人才的加盟以及团队亲密无间的协作，成就了小米今日的辉煌。与之相反的案例是三九集团。20世纪初，三九集团就已经是国内资产最大的中药企业。高峰时期，三九集团旗下拥有 3 家上市公司和近百家企业。三九集团实行的是高度集权管理，并美其名曰“一人机制”管理模式——公司大小事情全部由总经理一个人说了算。三九集团甚至都没有设立副总经理岗位，总部只设立党务部、财务部和人事部3个部门，集团日常经营管理工作全部由总经理及其5个秘书具体处理。正是在这种“一人机制”决策模式下，总经理个人的决策失误直接导致三九集团的最终失败。三九集团成为“一人机制”管理模式的牺牲品，成为企业“人治”管理模式失败的典型案例。

6 由劳动力数量向人力资本升级转型

随着大量体力工作被自动化设备以及机器人所取代，中国人才市场正在从以体力劳动者为中心的劳动力市场，向以知识型劳动者为中心的人力资本市场迁移，中国经济社会正面临人力资本的红利时代。显而易见，中国社会正在由资本雇佣劳动进入人力资本价值管理时代。如今，除了土地、货币资本，人力资本逐渐成为企业价值创造的主导因素。让员工持股，实现企业与员工共创共享，成为越来越多企业的共识，尤其是科创型企业。人力资本和货币资本共创共享企业价值增值已经悄然开始，人力资本不仅可以参与分享企业的利润增值，还有权参与企业的决策。有时候，人力资本甚至拥有超出货币资本的经营权和话语权。在如今资本过剩的年代，货币资本本身增值空间有限，只有将货币资本与人力资本相结合，货币资本才能创造出更大的价值。在当下的中国，资本“找人”的时代已经出现，各类股权投资机构手握大量货币资本，到处寻找能够让其资本增值的人才以及他们手中的创业项目，表明中国人力资本时代已经来临。由此不难看出，人力资本正在取代物质资本，成为促进中国经济社会飞速发展的核心推动力。

碧桂园能够由顺德陈村一家不知名的房地产企业转身变成行业龙头企业，主要得益于对人力资本的重视。据媒体公开报道，2013年，碧桂园启动“未来领袖计划”，在全球范围广纳名校博士，5年时间里共招揽来自哈佛、麻省理工、剑桥、牛津、港大、清华等全球顶尖高校的1122名博士。大量高素质人才的加盟为碧桂园的快速发展奠定了坚实的人才基础。其中，有超过400人成长为集团副总裁、区域总裁、项目总经理以及职能部门总监等。在碧桂园项目总经理中，年收入过千万甚至上亿元的不乏其人。如此高的收入超出了常规意义上的工资范围，显然与人力资本所创造的价值有关。华为的虚拟股权制（利润分享制）最具有代表性：华为86%的员工拥有96%的收益权，华为创始人任正非的股份仅有1.24%。华为的利润分配机制表明，人力资本与货币资本一样具有剩余价值的分配权。公开资料显示：2016年，阿里巴巴第一大股东软银持股32%，第二大股东雅虎持股15.4%，第三大股东马云持股7.8%，以及蔡崇信持股3.2%、管理层持股12.5%。但是，阿里巴巴的控制权并不掌握在前两大股东手中，而是掌握在马云等管理层人员的手中，即马云及其合伙人团队比软银、雅虎具有更大的经营决策权和管理权，人力资本占据了企业的主导权。

7　由规模速度型向质量效益型转型

中国大多数企业都有“速度型”盈利模式的特征，表现为企业的发展速度较快，但企业的效率和效益不高。以《财富》世界500强企业为例：中国入榜世界500强的企业，由2000年的10家（含香港、台湾）增加到2022年的145家，而美国同时期则由179家下降到124家，中国入榜企业比美国多21家。由此可见，中国企业的发展速度十分惊人。统计数据显示：2022年，中国入榜世界500强企业的平均总资产为3580亿美元，平均净资产为431.8亿美元，双双超过世界500强企业的平均水平。但是，中国入榜企业的平均利润只有41亿美元，是世界500强企业的66%、美国入榜企业的40.8%，甚至比德国入榜企业（44亿美元）、英国入榜企业（69.6亿美元）、法国入榜企业（48.5亿美元）、加拿大入榜企业（47.5亿美元）、巴西入榜企业（84.8亿美元）都要低。从人均效率与效益来看，美国入榜企业人均销售收入为57万美元，中国入榜企业人均销售收入为38万美元，中国入榜企业人均销售收入为美国入榜企业的67%。美国入榜企业人均利润为4.9万美元，中国入榜企业人均利润为2万美元，中国入榜企业人均利润不足美国入榜企业的41%。从资产效益来看，中国入榜企业的净资产收益率只有世界500强企业的64%、美国入榜企业的68%。很明显，中国企业尚未摆脱规模速度型发展模式。

2014年是万科成立30周年，这一年也是万科由规模速度发展模式向质量效益发展模式转型的元年。万科此次组织转型主要体现在3个方面：在业务上，万科明确以“三好住宅”（好房子、好服务、好社区）和“城市配套服务商”为未来发展方向，逐步从房地产开发向房地产开发、经营与服务并重转型。在管理上，万科以合伙人机制为核心，推出项目跟投制度和事业合伙人持股计划，将项目的责任和收益与员工个人的利益紧密相连，从根本上提升项目运行的效率和效益。在运营上，万科实行“小股操盘”模式，旨在提高公司净资产收益率，降低财务杠杆和经营风险。事实证明，万科的组织转型取得了成功。与竞争对手保利地产、招商蛇口地产相比，万科的销售毛利率、净资产收益率连续多年都是最高的。统计数据显示（见表10）：2015—2020年，万科营业收入年均增长率为19.6%，归属母公司股东的净利润年均增长率为17.8%，万科这两项指标均高出行业平均水平30%以上。自2021年以来，当中国房地产行业一片哀鸿之时，万科却安然无恙。2021年，万科实现营业收入4528亿元，同比增长了8%；净负债率为29.7%，且长期处于行业低位。归属于上市公司股东的净利润为225.24亿元。万科能够交出如此漂亮的业绩，主要归功于走质量效益发展之路。

表10　万科转型6年的经营数据统计（2015—2020年）

指标	2020年	2019年	2018年	2017年	2016年	2015年
营业收入/亿元	4191.1	3678.9	2976.8	2429.0	2404.8	1955.5
同比增长率/%	13.9	23.6	22.6	1.0	22.98	33.6
归属母公司股东的净利润/亿元	415.2	388.7	337.8	280.5	210.2	181.2
同比增长率/%	6.8	15.1	20.4	33.4	16.0	15.1

【数据来源】上市公司年报。

8　由客户导向营销向竞争导向营销转型

企业生存和发展的前提是要能够盈利，盈利就必须要面对市场竞争，自然就要做好市场营销。商场如战场，谁能够把营销做好，谁就掌握市场的主动权，谁就可以旗开得胜。现代营销理论由4P（产品、价格、渠道、促销）转向4C（消费者、成本、便利、沟通），其核心是企业的营销策略只能随着客户行为和需求的变化而变化。国际营销大师让-皮埃尔·艾菲（Jean-Pierre Helfer）教授认为：企业想倾听所有消费者的意见只是一个幻想，因为消费者没有能力说清楚他们的愿望到底是什么，也不可能了解新技术革命创造出来的新产品。人们的需求极其广泛且存在于不同层次，自发需求和派生需求都在不断更新，这就意味着企业通过产品创新来创造新的市场，始终存在着大量的机会与可能。事实上，正是企业通过发现、创造新的需求和市场，才改变了市场活动的方向。同时，也是因为市场需求难以预测与把握，才使得竞争导向营销正逐渐成为企业生存与发展的主导方向。所谓竞争导向营销，是指企业的市场营销活动要以竞争对手为中心，从竞争对手出发，瞄准竞争对手的策略、行为并实施相应的战略。竞争导向营销关注的是企业能否先于竞争对手行动，能否位居于竞争对手的实力之上，能否战胜竞争对手，而不是跟在竞争对手之后亦步亦趋。

苹果公司创始人史蒂夫·乔布斯（Steve Jobs）认为：“你不能只问顾客要什么，然后想法子给他们做什么，等你做出来，他们已经另有新欢了。”“消费者并不知道自己需要什么，直到我们拿出自己的产品，他们就发现这是他要的东西。”苹果公司的产品并非针对目标人群的普通产品的改进，而是消费者还没有意识到其需求的全新设备和服务。乔布斯从不依赖市场调研，他的伟大之处在于：他能在市场尚未意识到某种体验之前，就能准确预判并完美交付这种体验，而且他总是对的。乔布斯相信“如果我们继续把伟大的产品推广到他们的眼前，他们会继续打开他们的钱包。”事实正是如此，苹果公司通过不断的颠覆式产品创新赢得了市场和客户，令苹果公司成为当今世界市值最高的企业。这与教科书上倡导的“顾客是上帝”大相径庭。索尼公司的成功秘诀是：永远创造“第一个”，永远领导新潮流的创新力。索尼公司创始人盛田昭夫对于发掘市场需求、创造新产品具有独特眼光，他这种精准的眼光已经到了传奇的地步。盛田昭夫深信，公司必须要引领消费者的口味，而不是落在消费者之后。20世纪70年代末，索尼公司向市场推出世界上第一款便携式磁带播放器——随身听（Walkman），甫一上市就大获成功，成为当时风靡世界的时尚产品。这一成就的获得受益于索尼公司的颠覆式创新理念。正如盛田昭夫所说：“我们的理念是，不跟在别人后面，不跟别人做同样的事。”

9 由产品竞争向品牌竞争转型

品牌是产品的灵魂、生命和核心价值所在，也是企业竞争力的重要体现。如果企业没有建立起强大的品牌优势，那就只能依靠“价格战”来开拓市场，最后将难以为继。所以，企业的未来在于品牌，而不在于产品。截至2022年，中国已经连续12年保持世界第一制造大国的位置，但是，中国并不是世界品牌强国。以轮胎行业为例：2018年，全球知名品牌价值研究机构Brand Finance发布的研究报告显示：中国轮胎行业的品牌价值为9.23亿美元，占全球轮胎品牌价值的比重仅为3.1%，只有美国的1/19、日本的1/3。然而，2018年名列榜首的米其林（Michelin）品牌价值为79.30亿美元，名列第二的普利司通（Bridgestone）品牌价值为69.92亿美元。中国作为全球轮胎产销量最大的国家，整个轮胎行业的品牌价值尚不及米其林或普利司通任何一家，令人嘘唏不已。目前，以普利司通、米其林为代表的国际知名轮胎品牌，占据了中国中高档乘用车市场份额的70%。国产轮胎主要集中在中低档乘用车市场，尤其是替换胎市场。轮胎品牌独有的排他性和独占性，使得高附加值品牌轮胎比一般品牌轮胎获得更多的利润和更大的市场份额。目前国产乘用车轮胎的价格只有一线外资品牌的一半、二线外资品牌的70%。产品竞争的本质其实就是品牌竞争，中国企业若要实现由大变强，必须从产品竞争向品牌竞争转型。

二十世纪七八十年代，洋河大曲一度跻身中国“八大名酒”之列。不曾想，到了1999年，洋河大曲出现严重失速危机：产销量每况愈下、市场不断萎缩、经济效益下滑，企业举步维艰，最后到了濒临破产的地步。2002年，刚接任洋河酒厂总经理的张雨柏决定启动品牌战略。经过近8000人次的市场调研发现，消费者需要的是一款高而不烈、低而不寡、绵长尾净、丰满协调，饮用时感觉舒适、不上头的白酒。于是，洋河“蓝色经典”横空出世，市场上很快掀起了“蓝色风暴”，随后便裂变成海之蓝、天之蓝、梦之蓝三大品牌。后来，洋河又开始推动品牌高端化建设，实行多品牌差异化策略。洋河还投入巨资在中央电视台黄金时段做广告，使洋河品牌誉满天下。洋河的营业收入由2007年的17.6亿元增长到2021年的253.5亿元，年均复合增长率达到21%。Brand Finance发布的“2017全球烈酒品牌价值50强”排行榜上，洋河品牌以42.81亿美元的品牌价值位列中国第二、全球第三。品牌给洋河带来了巨大的经济效益，公司净利润从2004年的0.15亿元发展到2021年的75.08亿元，17年间增长了500倍。洋河能够在中国白酒行业的激烈角逐中异军突起，显然归功于品牌战略的成功。

10　由传统企业向平台型企业转型

传统企业受到价值链条过长、协同性不高的限制，常出现货品积压、资金占用、信息传递低效等诸多问题。传统企业生产过于强调标准化而难以满足个性化需求，以及专业化要求使得企业内部各部门之间“独善其身、各自为政”等，极大地阻碍了企业发展。市场的不确定性使得传统企业的经营压力越来越大。随着云计算、大数据、人工智能等IT技术的迅速发展，个性化消费开始大行其道，越来越多的企业开始利用平台对产业链进行资源整合和价值链优化，实现“去中间化”“去中心化”“去边界化”，以此向客户提供更有价值的服务。对于特定市场而言，用户就那么多，市场就那么大，市场竞争如此激烈，企业要想实现增长，唯一途径就是做大客户价值。然而，一个企业提供产品和服务的能力总是有限的，这个时候就需要以平台化模式不断做资源整合。也就是说，企业需要利用别人的资源达成自己服务客户的目的，做到三方受益。“要么成为平台，要么加入平台”，这是未来企业竞争的规则。

哈佛商学院教授托马斯·艾斯曼（Thomas R. Eisenmann）的研究结果显示："在全球最大的100家企业中，有60家企业的主要收入来自平台商业模式；在全球100多家独角兽企业（超过10亿美元估值的初创企业）里，有70%以上采用平台模式。"据统计，2021年全球市值排名前10的公司中有5家属于平台型公司，其中包括苹果、亚马逊、腾讯和阿里巴巴等。作为全球最具价值的平台公司，苹果公司2022年的市值接近3万亿美元，全球排名第一，经济总量位居全球"第五大经济体"。创立于2012年的北京字节跳动科技有限公司，同样是一家世界知名的平台公司，其2022年的市值超过2.25万亿元人民币。作为中国农业产业化龙头企业的温氏集团，借助互联网技术，把5万多个高度分散的家庭农场链接在温氏集团的平台上，将分布式的小规模"养殖车间"串联成大规模经营体系，温氏集团由此成为中国最大的农业产业化企业。无论是苹果、字节跳动这类基于互联网的平台公司，还是温氏集团这类传统企业的互联网化，都无法离开平台而存在。企业如何顺应平台化发展趋势，打造平台商业生态系统，实现企业的平台化转型，是当下中国传统企业面临的挑战，同时也是机会。

11　由工业化向数字化转型

数字化转型是通过数据驱动、智能助力的方式，打造企业研发、生产、运营和服务的核心竞争力。数字化转型，战略是根本，数据治理是基础，数据智能是方向。数字化转型可以帮助企业捕获新的市场机会，创造新的商业模式，在商业竞争中抢占先机。与此同时，数字化转型有利于传统企业的转型升级，把传统企业的“制造能力”向“服务能力+数字化能力+制造能力”转变。面对消费者和下游企业需求的日益差异化和个性化，加强对需求侧数据的分析处理，增强企业及时捕捉个性化需求信息的能力，在更好地满足市场需求的同时降低生产成本、提高生产效率，解决企业管理中数据孤岛和内部数据不关联的现象，改善中下游产业链连接松散的状况。世界经济论坛发布的《第四次工业革命对供应链的影响》白皮书指出：79.9%的制造企业和85.5%的物流企业认为，在不考虑金融影响的前提下，数字化转型将使制造业成本降低17.6%、营收增加22.6%；使物流服务业成本降低34.2%、营收增加33.6%；使零售业成本降低7.8%、营收增加33.3%。可见，数字化转型效果显著。数字化转型是企业顺应时代发展的要求，也是企业信息化、智能化发展的必然选择。

据统计，2020年中国工业数字经济渗透率上升到21.0%，规模以上工业企业的生产设备数字化率达49.4%左右。中国宝钢湛江钢铁有限公司通过推动远程设备巡检、风机在线监测等数字化应用部署，使得设备有效故障预警率提升至70%，运维时效提升了20%。东升控股集团旗下广州顺兴石场自2019年实施数字化转型以来，车间设备效率提高了30%，车间运行维护人员减少了40%；汽柴油消耗降低了30%，每年节约轮胎费用约450万元，每年节约电费3%～5%。安徽合力叉车股份有限公司通过数字化转型，生产制造周期比原先降低了45%，产品生命周期管理成本降低了38%，平均订单交付时间加快了30%。由此可见，数字化转型能够为企业、客户、员工及合作伙伴创造价值，实现企业的可持续发展。数字化转型是一场深刻且复杂的系统革命，需要企业高层的亲自领导，以及企业愿景的牵引和文化的匹配，否则，企业数字化转型很难成功。

三、企业内部市场化机制

实践证明，竞争优于管理，企业但凡可以通过内部竞争达到目的的，最好就不要通过管理来实现。企业对于以利润为中心的子公司或事业部的管理相对简单，因为市场可以对它们的经营成果和经营能力做出客观、公正的评价。然而，企业对于价值链较长的内部配套业务部门，以及对于无法量化的职能部门的管理，难度就要大得多。自20世纪60年代起，西方一些大企业由于组织过于庞大、管理层级过多、权力过度集中，出现所谓的“大企业病”，表现为机构臃肿、人浮于事、效率低下、士气低沉、投资混乱以及管理失控等。“大企业病”是企业发展过程中自然产生的一种病，就如同肥胖会随着人的年龄增长不请自到一样，只是每个“患病”企业的“肥胖”程度不同而已。

为了根治“大企业病”，激活企业内部经营活力，企业内部市场化机制应运而生。企业内部市场化机制是借助外部市场交易原则，把市场机制引入到企业内部，以经济结算关系代替企业内部的分工协作关系，或行政隶属关系，形成以经济结算为主、行政命令为辅的管理方法。传统企业的管理方式依靠行政权力配置资源，容易造成内部关系的扭曲。实行内部市场化机制，将企业内部每一个单位都转变成为一个经济单元，各经济单元按照等价交换的方式配置资源，依据自身的能力和贡献决定自身的地位和收益，充分体现人的经济属性和经济价值，调动部门和员工的积极性和创造性，解决企业内部与外部市场脱节的问题，让员工直接感受到来自外部市场的竞争压力。这样，企业行政指令对经济规律的影响可以得到有效屏蔽，企业内部竞争压力不均的现象将会得到有效控制。用经济的手段管理经济，将复杂的管理问题简单化，管理成效也会更好。企业任何管理活动如果仅仅依靠员工的自觉性和奉献精神，而不在利益上寻找解决方案，终将难以达成目标任务，最终都将以失败告终。

企业内部市场化机制为大企业提供了一种可参考的解决方案，它有以下7种常见的处理方式。

1 将企业最高经营管理层变成“投资管理中心”

可以将企业最高经营管理层看作企业的投资管理人，他们对所有投资业务的投资回报负责。与此同时，企业最高经营管理层还需要在保证企业战略目标一致和利润最大化的前提下，对内部各虚拟利润中心进行引导、监督和控制，保障内部市场健康、稳定运行。一般来说，企业最高经营管理层的收益来自其所投资的资产回报，以及各下属企业销售收入的提成。前者类似于投资人的“投资收益”，后者类似于“公司管理费”。

这与私募股权投资基金的普通合伙人（GP，即基金管理人）的收益分配模式很相似。比如，大部分私募股权投资基金的有限合伙人（LP，即基金委托管理人）需要支付给GP大约2%～3%的年度管理费，以及投资盈利部分的20%管理分红。这样，企业就可以在最高经营管理层与下属各业务部门之间建立起一种商业逻辑关系，像任何利润中心一样，在追求投资利润最大化的过程中，迫使企业最高经营管理层必须用高质量的决策、低成本的管理来满足企业内外部“客户”的需求，而不是简单的上下级管理关系。

2 将企业生产工厂由“成本中心”变成“利润中心”

传统企业的生产工厂都是“成本中心”。企业生产工厂的生产设备越先进，生产效率越高，设备折旧与生产成本也会随之提高。如果生产工厂不能满负荷生产，生产成本就会居高不下。企业如果将生产工厂变成OEM/ODM工厂，不再将其看作内部的一个生产单位，而是看作一个独立的“利润中心”，既可以为企业内部，又可以为企业外部生产产品，这样就可以最大化释放设备产能，降低企业的边际成本，提高经济效益。

宝洁在中国的金霸王电池厂为其自有品牌金霸王和开市客（Costco）旗下的另一个品牌柯克兰生产电池；美国金枪鱼罐头生产商大黄蜂公司（Bumble Bee）在波多黎各的工厂为自己的品牌和柯克兰品牌供应长鳍金枪鱼等。20世纪初，科龙收购了国内许多倒闭的冰箱生产线，聚集了巨大的冰箱生产能力。科龙在为自己生产冰箱的同时，还为美国通用电气公司（GE）、意大利伊莱克斯（Electrolux）等海外企业代工贴牌生产冰箱。格林柯尔让失速的科龙重启增长引擎，在业务层面所做的就是加大海外企业的代工业务。据统计，科龙海外销售收入由2001年的6.05亿元上升到2004年的34.5亿元；海外销售占科龙全部销售收入的比重由2001年的13.9%上升到2004年的40.9%。可以说，科龙冰箱生产工厂为格林柯尔重启科龙增长引擎立下了汗马功劳。

3 将企业营销部门变成“营销公司”

传统企业的营销部门作为费用中心，通常只关心卖产品，不怎么关心卖出去的产品是否赚钱，赚不赚钱是公司高层关心的事。一旦市场销路不畅，营销部门就会要求企业打折降价销售，或者专捡市场上没人愿意接的订单，以完成销售考核指标。这类订单大多数属于多批次、少批量，利润空间小。对于成本管理不好的企业来说，此类订单接得越多，就亏得越多。将企业营销部门变成“营销公司”，作为利润中心来考核，就会迫使营销部门不仅要关心销量，更要关心价格和利润。这样的话，营销部门将不再是传统意义上的费用中心，其与生产工厂之间的关系，就由内部协作关系变成内部买卖关系。

以两家轴承企业为例：2014年成立的万向钱潮销售有限公司，原本是万向钱潮股份有限公司的销售部门，负责母公司11个系列10000多个品种轴承的销售。万向钱潮销售有限公司实行利润中心管理模式后，其与各个生产分厂及子公司之间的关系是内部买卖关系。浙江五洲新春集团销售有限公司，同样是五洲新春集团股份有限公司的销售部门，负责母公司钢管钢材、轴承及轴承配件、汽车配件、五金配件、机械设备等销售。2009年独立成为销售公司后，同样实行利润中心管理模式，其与子公司和事业部之间的关系同样是内部买卖关系。销售部门公司化不仅能够激发销售人员的积极性，而且对于售后服务也起到很大的促进作用，售后人员不计成本乱发备品备件的行为，会因此得到有效控制。

4 将企业职能部门由“费用中心”变成“虚拟利润中心”

传统企业诸如财务、审计、质量、采购、法务、人力资源等职能部门，通常被当成“费用中心”。如果将这些职能部门由从属的角色转变成为拥有较强独立性、较大自主权的经济单元，由企业内部的服务关系转变成为内部市场交易关系，实行“虚拟利润中心”管理模式，结果将大为不同。也就是说，将企业职能部门视作“内部咨询公司”，将它们提供服务和产品的收入扣除费用成本后形成的盈余进行分享，将会极大地激励职能部门提高工作效率，消除官僚作风，树立价值创造意识。

比如，台积电把人力资源部定位为一个虚拟的人力资源服务公司，人力资源部负责人是这个虚拟的人力资源服务公司的投资者和经营者，台积电是他们的唯一“客户”。这个虚拟的人力资源服务公司和台积电签订服务合约，规定只要“客户”不满意，提前6个月通知即可终止服务合约。国内一些企业将人力资源部的招聘团队变成“内部猎头公司”，实行虚拟利润中心模式，参照外部猎头公司的付费标准，给予“内部猎头公司”计提服务费用，以提高招聘人员的招聘质量和招聘效率。

5 将企业信息中心变成“软件开发公司”

传统企业的信息中心对于公司内部的服务是免费的，由此造成服务的提供者和接受者双方都缺乏成本意识。如果将企业信息中心转化为有偿服务，转变成独立核算的“软件开发公司”，内部各部门就会对信息中心的服务质量和服务价格提出要求，督促企业信息中心加强技术和管理水平，提高服务质量，降低费用成本。有些企业信息中心已经从IT支持角色转变成为IT服务角色，从费用分摊的成本中心转变为按服务收费的利润中心。

珠海港信息技术股份有限公司，原本是珠海港集团内部的IT部门。随着业务的发展，于2009年独立成为珠海港集团的控股子公司，在服务于珠海港集团内部的同时，对外承接港航物流信息化建设业务。公司发展速度迅速，于2015年登陆新三板。2018年公司营业收入达到6170万元，实现毛利842万元。但是，能够实现如此转型的企业信息中心并不多见，很多企业信息中心除了服务内部，没有能力走出去创收。

6 将企业研发中心变成“独立研究院”

据媒体公开报道，为了调动企业研发人员的积极性，重庆市渝北区推动32家研发机构由成本中心转变为利润中心，鼓励企业内部研发机构从母体中分离出来，成为独立法人公司，运用市场化机制吸引、汇聚创新资源，开发创新产品或服务。这些从母公司分离出来的研发机构，可将其研究成果或服务卖给本公司的生产单位，也可以卖给外部组织，甚至是竞争对手。例如，重庆纤维研究设计院股份有限公司原本是重庆再升科技股份有限公司内部的一个研发部门，2015年从再升科技股份有限公司内部分离出来，成为独立法人公司，主要从事微纤维材料、节能环保领域的技术研发。

有的企业在研发中心推行另外一种方式的内部市场化机制，即在研发中心成立若干个研发小组，每个研发小组自由组合，独立承接研发任务，实行独立核算。公司将需要研发的任务以项目招标形式对内公布，每个研发小组进行竞标，公平竞争。扬州亚星客车股份有限公司，在技术中心就设立多个产品开发小组，实行内部公平竞争。腾讯公司当年为了尽快研发成功微信系统，同时成立三个微信项目开发小组，展开内部激烈竞争。最后，由张小龙带领的广州研发团队首先研发成功，另外两个项目开发小组随即解散。这种内部市场化机制的唯一缺点是企业资源重复配置，在规模小的企业里难以实现。

7 将企业员工变成“自组织管理者”

如果将员工变成“自组织管理者”，那么，企业原有的工作划分、作业规划、业绩评估、过程监督等工作统统可以取消。比如，如果销售人员按销售收入计提佣金、工人实行计件工资制、司机按行车公里数计提奖金的话，那么对于上述人员的过程管理统统可以不要，管理因此变得更加简单。让员工成为自我管理者，不仅可以提高工作效率、降低管理费用，而且有利于提升工作质量和服务态度。

海尔张瑞敏提出的“人单合一”管理模式，倡导的就是“人人都是CEO”，其目的就是将员工变成“自组织管理者”，实现员工自我驱动、自我管理。稻盛和夫创立的阿米巴管理模式，将每个部门变成一个个独立的小集体，每个小集体都有一个经营责任人，员工自愿参与其中，实行“全员参与经营”。其目的是划小核算单位，实行独立核算，激励员工积极性，激发企业经营活力。如今，网络经济为自组织管理模式提供了可能性，未来的企业将更多以小微企业为主，即主要是基于自组织管理模式的个体工作室。

企业内部市场化机制在破除“大企业病”方面可以算是一剂良药。但是，这服药也有副作用。它会使内部各经济单元过度关注自身业绩，导致内部交易成本升高。同时，它对于企业管理的数据化、标准化提出了很高的要求。每项工作、每件产品、每次服务都要计价，定价的依据何在？如何规范地记录这些交易？如果这些方面的工作做不到位，就可能会失去公平性，引发员工的不满，甚至产生抵触行为。企业内部市场化机制还容易造成大家都盯着看得见的业绩，只关心自己的“一亩三分地”，忽视企业的长远利益。甚至造成短期效应，员工为了本部门和个人的利益，不惜牺牲企业的整体利益。因此，在推行企业内部市场化机制过程中，需要重点关注以下四个问题。

第一，正确划分利润中心。确立好企业内部各个利润中心，是内部市场化机制成功运行的前提条件。确立利润中心的基本要求是，各部门效绩的可核算性与可衡量性，即各利润中心要能够确定其工作的成本与收入。评价利润中心的盈利水平通常有两种方法：一种方法是使用绝对指标，如毛利、边际利润、直接营业利润等；另一种方法是使用相对数指标，如成本利润率、产值利润率和销售利润率等。

第二，加强基础管理。企业内部市场化，必然涉及相关信息的收集、整理、过滤、传送等工作，需要企业内部完善预算管理、成本管理、费用管理、绩效考核、项目管理等相关制度，更需要企业建立起完善的管理信息系统。否则，企业内部市场化工作将无法实施。即便实施了，企业也会因为数据不准确，难以起到应有的管理效果，甚至适得其反。

第三，制定相关规则。为了防止部门利益损害整体利益，以及为争夺企业资源发生冲突，必须明确企业内部市场的交易规则。比如，是否允许内部经济单元直接面向外部市场？明确内部经济单元的经营范围、经营方式、计价方法、结算方式、报酬计算等。制定相关规则既要充分利用内部市场机制，调动内部市场主体的积极性，又要避免各主体为争夺资源和利益而损害企业整体利益。同时，还要对运营中可能出现的冲突和损害企业整体利益的事项进行协调和仲裁，让企业内部市场化机制发挥有效作用。

第四，有效调控全局。企业最高经营管理层为保证企业整体的一致性和利益最大化，必须要对各经济单元进行引导，并保留对其的监督权与调控权，既要有“硬”的一面，又要有“软”的一面。“硬”的一面是企业最高经营管理层运用内部价格，内部审计，内部破产、兼并等各种“硬”手段，进行有效监督。“软”的一面是完善企业文化，用文化来规范、引导员工的行为。同时，运用战略、计划等手段引导各经济单元向符合企业整体利益的方向发展。这样，才能有效调控整个企业，保证内部“分而不乱”。

内部市场化机制的本质，是将企业内部与外部市场联系起来，将外部市场的压力层层传递进来，通过“全员参与经营”的方式，激励内部各个经济单元实现自我目标，最终促进企业目标的实现。内部市场化机制的好处是显而易见的，它有利于实现企业在经营活动中以市场为导向，促进资源的合理配置，加强企业面对外部市场的应变能力与反应速度；有利于调动广大员工的积极性和创造性，激活企业潜在的能力和活力，控制经营管理过程中可能存在的漏洞，提升企业经济效益；有利于企业内部资源更好地与外部市场进行有效衔接，尤其可以更加有效地应对外部市场环境的不利影响；有利于企业产品的改进、服务质量的提高以及对成本费用的控制。但是，凡事有利就有弊，过犹不及。企业在实施内部市场化机制时，需要综合平衡好成本、效率和收益之间的关系，不能过度追求内部市场化而顾此失彼，得不偿失。

第四章

执行力打造

“执行力”一词自2002年由美国学者拉里·博西迪（Larry Bossidy）与拉姆·查兰（Ram Charan）首次提出以来，已经成为人们日常生活中使用频次最高的词汇之一。所谓执行力，是指贯彻战略意图、完成预定目标任务的能力，即将战略、计划、目标和任务有效地转化为行动，并最终变成现实的能力。在这个充满竞争的世界里，有的人成绩斐然，有的人碌碌无为，一个重要原因是优秀的人更具有实现理想的能力，企业亦是如此。一个优秀的企业总能比竞争对手做得更好，靠的是企业的执行力。良好的执行力能够保证个人和企业目标的实现，从而带来职业上和商业上的成功。

市场充满着不确定性，没有一个企业总是能够幸运地抓到一副好牌，优秀企业的可贵之处在于它总能将一副坏牌打好，更在于能将一副好牌打得更好。许多企业的失败不是败在战略制定上，而是败在战略执行上。IBM前首席执行官路易斯·郭士纳（Louis Gerstner）认为：“一个成功的企业和管理者应该具备三个基本特征，即明确的业务核心、卓越的执行力及优秀的领导能力。”微软总裁比尔·盖茨（Bill Gates）说：没有执行力，就没有竞争力。

在企业管理中，执行力被认为是最基本、最重要的管理能力之一，是企业有效管理的基础、综合素质的体现、核心能力的一部分，也是决定企业竞争力的重要一环。企业发展离不开最高管理层的战略部署，但重要的是，企业的战略部署能够自上而下得以有效执行。有效执行不是简单、机械地例行公事，而是以结果为导向，兼具主动性和创造性地完成目标和任务。那些长期以来优秀的公司，无一不是具有出类拔萃的执行力；而那些经营不善、亏损倒闭的企业，绝大多数都是因为缺乏执行力所致。

执行力与其说是一种能力，不如说是一种态度，根源在于员工的责任心和使命感。无论企业制订多么宏伟的战略目标，设计多么精细的运作方案，如果没有执行力，最终都将沦为纸上谈兵。一个企业的执行力如何，很大程度上决定着企业的兴衰成败。打造企业的执行力，不仅对于失速企业，而且对于健康企业都具有十分重要的意义。

一、选对人做对事是核心

如何理解执行力？美国通用电气（GE）前总裁杰克·韦尔奇说：执行力就是企业奖罚制度的严格实施。联想控股创始人说：执行力是用合适的人，干合适的事。戴尔公司CEO迈克尔·戴尔（Michael Dell）说：执行力就是在每一阶段、每一环节都力求完美、切实执行。关于执行力的解读还有很多，笔者认为，执行力是“选对人、做对事、奖罚分明”。虽然奖罚对于执行力很重要，但是并非对每个人都起作用。对于平庸者而言，无论采用什么样的奖罚制度都是没有意义的，因为能力不行，不是奖罚制度不好。让“合适的人，做合适的事”无疑是正确的，可是，无论多么合适的人，如果缺乏一个公平公正的做事环境，或者个人没有做事的意愿和动力，又怎么会有执行力呢！事实上，即便选择合适的人，做合适的事，并实施严格的奖罚制度，也不能保证一定有执行力。明知不可为而为之，或者虽然可为但胡乱为之，没有充分考虑到所要面对的人和事的特殊性，处理的程序不对，方法不当，同样不可能有执行力。所以，事情本身是否可为，以及做事情的程序和方法是否正确，也是决定是否具备执行力不可或缺的因素，有时候甚至是关键因素。

著名管理学家吉姆·科林斯（Jim Collins）研究发现，从优秀到卓越的公司都是先人后事。首先，请进合适的人选，请出不适合的人选，并令合适的人选各就其位。然后，再考虑下一步该怎么走。杰克·韦尔奇说过："做企业最重要的一点，就是找到胜任重要岗位的最好的人才，并且确保这些人才在企业的体系内发挥作用。"毫无疑问，选对人是执行力的核心。选对了人，即便执行一个错误的指令，他也能够把错误造成的损失降到最低；选错了人，即便执行一个正确的指令，他也无法达成理想的结果，甚至还有可能把事情搞砸。在一个缺乏执行力的企业里，我们听到最多的是完不成任务的各种理由和借口，而不是如何将不可能的事变成可能的各种努力和坚持。所以，管理大师彼得·德鲁克说："无论企业经济学的理论多么完备，分析多么周密，工具多么有用，企业管理终究要回到人的因素。"

什么样的人，才能称得上是"对的人"？不同的企业有不同的标准，苹果创始人乔布斯认为，判断是否为"对的人"需要考虑三点：品行是否正直？是否担得起他人的信任？是否愿意和他人合作、打交道？其中，最重要的一点是此人需要有热情和激情，愿意成为领导者。吉姆·柯林斯在《再造卓越》一书中对"合适的人"是这样定义的：合适的人与公司的核心价值观相吻合，不需要对合适的人进行"微观管理"。合适的人知道他们并不仅仅是要完成工作，而且是要承担责任。合适的人遵守承诺，对公司和工作充满激情，有“功成而不居”的大将风范。在吉姆·科林斯看来，人不是最重要的资产，“合适的人”才是最重要的资产。

选对人，首先是选对企业或项目团队的领导人。常言道：“火车跑得快，全靠车头带。”企业或项目团队的领导人是事业的灵魂和舵手，对事业发展起到决定性作用。联想控股创始人说过：“如果没有合适的人，再好的项目我们也不会去做。”美国联邦国民抵押贷款协会CEO大卫·麦克斯韦（David James Maxwell）也曾有过类似的观点：在没有得到合适的人才之前，绝对不会考虑公司的发展问题。现代企业经营的一个重要观点是，让专业的人做专业的事。传统企业在理解“让专业的人做专业的事”方面存在误区。一些成功的企业家在创建新业务的时候，喜欢选择与自己一起“打江山”的“老臣子”去担当新业务的领头人，觉得“老臣子”跟自己时间久，用起来放心。虽然“老臣子”在新业务领域不专业，但是可以通过给其配置专业的副手帮助其开展工作。这种兼顾忠诚和专业的人员配置，表面上看起来很完美，但是实际效果却事与愿违。新业务发展过程中势必会遇到各种需要专业知识才能决策的问题，对新业务不在行的领导很难对复杂的专业问题作出准确判断，最终不是延误商机，就是决策失误。这就是一些大公司内部创业失败的一个主要原因。

宋志平将北新建材从一家连工资都发不出来的工厂，发展成为全球最大的石膏板生产企业；此后，他又临危受命担任中国建材董事长，大刀阔斧改革，将困难重重的中国建材带至全球最大建材制造商的“宝座”；他还同时身兼中国建材集团和国药集团两家国企的董事长，并将这两家企业先后带进世界500强行列。左延安带领江淮汽车在逆境中成长，将一个濒临倒闭的地方国有汽车厂发展成为拥有超过460亿元资产的上市公司，创造了业内瞩目的“江淮现象”。张瑞敏把海尔的营业额从348万元做到3000亿元，从负债147万元发展到如今的世界500强。稻盛和夫在年近八旬之际，让已经破产的日航起死回生。法国雷诺汽车董事长卡洛斯·戈恩（Carlos Ghosn）让连续亏损7年、净负债高达200多亿美元且濒临破产的日产汽车，在短短2年时间内实现扭亏为盈。李·艾柯卡（Lee Iacocca）让深陷破产危机的克莱斯勒公司焕发出生机与活力，重新回归美国三大汽车集团。杰克·韦尔奇让失速的通用电气重启增长引擎，并使之成为全球最受尊重的企业。IBM的路易斯·郭士纳（Louis Gerstner）让连续2年累计亏损130多亿美元的“蓝色巨人”，第二年实现盈利，彻底扭转了失速局面。诸如此类的案例还有很多，显而易见，选对企业领导人对于企业，尤其失速企业有多么重要！

选对人，其次是选对企业或项目团队的中高层管理者。中高层管理者直接参与企业的战略规划、资源配置、市场营销和人才管理等工作，在企业管理中扮演着重要角色。此外，中高层管理者起着承上启下的作用，是最高领导者与基层员工之间的桥梁，肩负着执行公司战略、推行组织变革、凝聚团队人心等重任，是执行力的主要推动者和践行者。同时，中高层管理者的专业能力还是对最高领导者能力的补充和延伸，选对他们对于企业的健康、稳定发展意义重大。在失速企业重启增长引擎的案例中，几乎每家企业都涉及中高层管理人员的优化。李·艾柯卡在拯救失速的克莱斯勒公司时，撤换掉35名副总经理中的33名，以及28名部门总经理中的24名；面对日益严重的失速局面，重掌李宁公司的李宁更换掉包括两任总裁在内的一批中高层管理人员；在李东生重启TCL增长引擎时，创业元老几近全部隐退或辞职；格林柯尔公司在对科龙电器、美菱电器、亚星客车等失速企业进行并购管理整合时，同样对上述企业包括总裁在内的中高层管理人员实行了“大换血”。由此可见，更换中高层管理人员是失速企业提升执行力的重要抓手。

有些企业看似拥有很多人才，但是不知道为什么，企业就是没有执行力。究其原因，是企业拥有太多似是而非的人才，而并非真正意义上的人才。似是而非的人才的特点是：对于专业知识，只知其一，不知其二；对于工作，谈论起来头头是道，解决起来不得要领、力不从心。他们过于相信自己过往的经验，工作上缺乏创新能力，甚至拒绝创新；待人处事傲慢无礼，目空一切。他们总是自以为是，拒绝接受与己不同的观念和思想，甚至排斥异己。我们姑且把这类人称作“知道分子”——他们什么都知道，就是什么也做不成。杰克·韦尔奇说：“你尽可以制定出全世界最棒的经营战略，但要是没有合适的人才，一切都是空谈。”对的人和错的人的主要区别在于，两者对于工作的看法截然不同，错的人每天只是为了工作而工作，而对的人则认为自己是在承担责任。

做对事，既包括要做的事情本身是对的，又包括做事情的程序也是对的。对失速企业进行业务聚焦，其实就是重新明确企业做什么业务，放弃什么业务，以及在既定战略定位下，企业各部门和岗位应该具体做什么工作。毫无疑问，业务聚焦解决的是企业“做正确的事”，而做事情的程序解决的是企业“正确地做事”。

“正确地做事”需要有一套科学、规范的流程做保证。流程是企业内部各项业务运行、管理和控制的程序、步骤和标准，是所有企业最佳管理实践的总结。流程决定企业的工作效率和效果，影响企业的效益和竞争力。企业管理归根结底要基于流程的管理，企业所有业务都需要依赖流程来驱动，任何管理变革也一定要由流程来承载才能落到实处。否则，变革就会变成空谈，无法落地。现代企业分工越来越细，在管理专业性提升的同时，也带来了“部门墙”问题。“部门墙”的最大危害在于，员工只关心本部门的利益得失，经常忽略客户的存在，甚至不知道客户是谁。如果没有流程贯穿“部门墙”，那么“部门墙”就会成为企业发展的障碍，企业会因为“部门墙”产生的内耗而失去活力和竞争力。

很多企业都建立了自己的体系管理文件，目的是提高企业信誉度和产品知名度，帮助企业产品顺利进入市场，而并非出于流程管理的需要。体系管理文件中有作业流程和标准，因此很多时候被误认为是流程管理。一般的体系管理文件与真正的流程管理之间，还是存在着较大差异。体系管理文件虽然有操作流程，但是缺乏严格的操作标准，有的只是一些简单的操作规范，无法真正实现严格执行。对于只拥有这样流程的企业来说，体系管理文件的最大作用除了应对体系检查外，别无他用。在笔者看来，体系管理文件像极了中国菜谱，即便大家照着同样一个菜谱做菜，也很难保证能够做出一模一样的味道。因为每个做菜的人都在按照自己的经验操作，难免出现不同的人做出不同的味道。

不少企业都实现了基于ERP的平台化管理模式，企业管理手段已经现代化。但是，信息技术应用上的成熟并不等同于流程管理上的成熟。信息技术只是流程管理的实现方式，它本身并不能解决流程混乱问题。只有将科学流程IT化才有意义，否则，将线下的混乱流程搬到线上运行，也只是让混乱速度更快一点而已，并没有真正实现流程管理的目的。所有的优秀企业都是流程管理的成功实践者。任正非曾经说过：管理就是抓住三件事——客户、流程、绩效。华为从1998年开始请IBM咨询公司帮助其实施流程再造，解决华为集成产品开发、集成供应链、IT系统重整及财务的“四统一”问题。华为的流程再造持续到2004年结束，耗资约10亿元人民币。海尔于1999年启动以“市场链”为纽带的流程再造，建立了“一网三流”，即以订单信息流为中心，带动物流、商流、资金流的运作模式。海尔的流程再造一直到2005年才基本结束，耗资约15亿元人民币。美菱电器、襄阳轴承、亚星客车都曾成功实施流程再造，每家企业涉及的流程再造数目超过几百个，流程再造为这三家企业重启增长引擎奠定了基础。

失速企业流程的最大问题是不科学，有流程不执行，甚至连体系管理文件上规定的流程都不能得到有效执行。有些失速企业的流程与实际工作相脱节，甚至是背道而驰。特别是跨部门、跨业务单元的流程相互割裂、冲突，“既当运动员，又当裁判员”的现象在失速企业也比较普遍，这也是失速企业为何同时伴随着严重腐败现象的主要原因。比如，采购人员既负责选择供应商，又负责与供应商洽谈价格。这样的采购流程很难杜绝采购中的暗箱操作和腐败行为。失速企业里还存在许多低效或无效流程，看似严格的管理审批，事实上起不到多少控制作用。比如，某个企业的销售人员差旅费用报销，居然需要八个领导审核签字才能通过。如此流程看似层层有人把关，实则是在浪费时间。

对于失速企业来说，流程再造既要简化多余流程带来的复杂性和低效率，更要解决流程混乱、冲突以及断流带来的内耗。流程再造需要相关人员对失速企业的流程进行诊断，流程诊断涉及客户、供应商、员工、标杆企业等。客户满意度是流程再造的出发点和归宿，客户是问题流程的主要信息来源，重要的客户是最好的信息来源。那些非常具有创新精神的客户以及世界级运营水平的客户本身就是流程再造的学习榜样。某些爱挑剔的客户提出的问题和要求，往往是流程再造时应该追求的目标。比如，扬州亚星客车公司为了改善客车设计，在全国几家大的公交公司客户中聘请维修师傅作为公司的产品顾问，定期邀请他们来公司进行交流，请他们提出亚星客车在实际使用过程中存在的问题，以及可以采取的改进措施。另外，很多优秀的供应商同时也是竞争对手的供应商，失速企业可以通过供应商来了解自身流程中存在的问题和不足，以便于自我改进。

员工是流程再造最重要的信息来源。员工每天都在重复执行同样的流程，长期工作使得他们对于流程中的问题非常熟悉，尤其是上下工序之间的冲突和不和谐，这些问题通常是流程再造的重点内容。杰克·韦尔奇在GE推行的“群策群力”文化，就是利用员工熟悉业务的优势，通过集思广益改进工作流程和绩效。

标杆企业作为失速企业的追赶目标，它的流程对于开阔思路和视野、提升失速企业运营管理水平具有重要意义。标杆可以存在于同一企业的不同部门、同一个行业中的不同企业，或者是不同行业中的不同企业。我们可以选择那些非常优秀的企业，甚至是竞争对手，作为流程再造的标杆。通过与标杆企业的对比分析，可以迅速发现失速企业流程中的问题和不足，以便于针对性地加以改革，提高企业管理水平。比如，科龙电器在创立之初，为了尽快提升冰箱产品质量，曾经把西门子冰箱的制作工艺作为标杆，专门从西门子公司挖来几名技术骨干，请他们帮助提升冰箱的制造工艺水平。流程再造一定会涉及部门利益和权力的重新分配，如果有可能，最好邀请具有丰富经验的咨询顾问参与。咨询顾问作为独立的外部观察者，可以为失速企业提供行业内外先进的流程管理经验，更加公平、公正地处理流程再造过程中的权力纷争和利益再平衡。

流程再造需要坚持“两个中心”。其一，以客户为中心。客户可分为外部客户和内部客户，外部客户是指市场上的终端消费者和用户，它们是企业的生存之本、发展之基。谁失去了外部客户，谁就失去了生存权和发展权。保持并不断发展外部客户是企业健康运行的标志。内部客户是指工作流程上的下道工序，下道工序是上道工序的客户。只有每个部门、每个岗位都把自己的下道工序服务好，企业才有可能为外部客户提供优质的产品和服务。流程再造要兼顾内外客户的需求，以满足内外客户需求及创造有价值的产品和服务为核心。客户满意度是流程优劣的最终评价标准，如果偏离这一点，流程再造就会失去意义。

其二，以流程而非职能为中心。建立以流程为中心的、参与部门各司其职的管理模式，可以根除部门本位主义，提升企业对市场和环境的快速反应能力。如果把员工和部门的考核与流程的执行情况结合起来，流程参与部门的目标就会趋于一致，部门之间相互扯皮的现象就会得到缓解。高效流程需要在明确规定下充分授权，并明确授权后的相应责任和义务。授权者变成了流程执行过程中的裁判员和结果的验收者；被授权者拥有相对自由的决定权，按照事先设计好的程序和标准严格执行，自觉接受来自上下工序的检查和监督。授权不足会导致流程时间延长、顾客满意度降低、员工士气和创新能力减弱等问题。授权过度，即授权后缺乏必要的监督与控制，又会导致流程的失控。所以，好的流程需要兼顾公平与效率，但效率优先。

结果正确，不一定代表过程正确。但是，过程正确，可以保证结果正确。好的结果来自好的流程，好的流程来自好的流程管理，好的流程管理除了制订科学、合理的流程之外，最重要的还是在于流程的严格执行，以及流程与IT的结合。很多失速企业的流程之所以似是而非，甚至混乱不堪，其根源在于没有人愿意去主动改变现状，而企业又没有流程再造的意识和要求。参与流程的相关部门和人员希望继续执行混乱的流程，这样的话，他们在执行流程的过程中就可以拥有自由裁量权和随意操作的空间，人人各得其所，皆大欢喜。一旦企业实施流程再造，并且严格按照规范流程做事，相关人员就无法进行“暗箱操作”，这是他们所不愿意看到的。这也是大部分企业流程再造难以推进的真正原因。

正如流程再造概念的提出者迈克尔·哈默（Michael Hammer）博士所说：“组织中没有任何人喜欢流程再造，它会扰乱大家的思维，破坏正常的秩序，并且影响到人们已经习惯了的一切事物。只有领导层支持该工作，并能够经受得住公司内的冷嘲热讽，否则，人们不会认真对待流程再造。”华为在推行流程再造时，任正非曾提出严格要求：无论流程是否合理，都要“先僵化、后固化、再优化”。华为的流程再造给华为带来了巨大的经济效益，公开数据显示：1998—2008年，也就是华为流程再造期间以及之后的4年，华为的销售额增加了19倍，但研发人员仅增加3倍。所以，哈默博士说：“对于21世纪的企业来说，流程将非常关键。优秀的流程将使成功的企业与其他竞争者区分开来。”

二、企业奖罚分明是关键

奖罚分明对于企业执行力至关重要。奖罚分明可以激励员工更加努力工作，维护企业纪律和秩序，确保企业内部的公平和公正，促进员工改善工作表现等。具体体现在以下4个方面：其一，明确的奖罚制度可以让员工明确工作目标，激励员工更加努力地工作，以获得奖励和避免惩罚，继而提高工作效率和质量。其二，奖罚制度可以帮助企业维护良好的纪律和秩序。当员工遵守规章制度和完成工作目标时，他们会得到奖励；反之，如果他们违反规定或未能达到目标，则会受到惩罚。这样可以确保企业的规章制度得到执行，促进企业的稳定和发展。其三，明确的奖罚制度可以确保企业的公平和公正。这意味着，无论员工的职位或地位如何，都会受到相同的待遇。这可以消除员工之间的不公平感，增加员工对企业的忠诚度。其四，奖罚制度还可以帮助企业改善员工的表现，通过奖励员工优秀表现和惩罚员工不良行为，促进员工改进表现，继而提高整个团队的表现和工作效率等。

企业的活力源于每个员工的积极性和创造性，奖励作为一种重要的管理手段，在激励员工积极性和创造性方面发挥着重要作用。然而，惩罚作为一种特殊的激励手段，与奖励相辅相成，同样十分重要，二者缺一不可。在奖罚分明的环境下，企业执行力就如同永不停息的发动机。如果干好干坏一个样，干多干少一个样，那么员工的积极性就会慢慢消失殆尽，有进取心的员工就会离开，企业的执行力就无从谈起。奖罚分明之所以重要，是因为它可以有效保护价值创造者的积极性，形成比拼赶超的企业文化，为企业发展注入强大的动力。奖励能够激励人，惩罚能够鞭挞人，唯有将两者结合起来使用，才能提升企业的执行力。

奖励越大，激励就越大，所谓“重赏之下，必有勇夫”。中国古代重要治军思想之一是：立战功者，奖；立大功者，重奖。秦始皇统一中国离不开强大的秦军，强大的秦军与军功授爵制度密不可分。军功授爵制度规定：凡立有军功者，不问出身门第、阶级和阶层，都可以享受爵禄。如果士兵在战场上斩杀敌方一个“甲士”的首级并带回军营，就能获得“公士”爵位、田一顷、宅一处和仆人一个。如果斩杀两名“甲士”，就可以免除父母之前犯的罪或妻子的奴籍。如果父亲战死疆场，他的军功可以传到儿子身上。一个人获得军功，全家人都能受益。士兵斩杀敌人的首级越多，获得的军功和爵位就会越高，奖励也会越丰厚。军功授爵制度将秦国士兵的荣华富贵与军功挂钩，使得秦国士兵个个骁勇善战、不怕牺牲，被六国称为“虎狼之师”。

企业也是如此。如果企业给予员工明确的奖励和回报，如薪水、奖金、晋升机会或其他形式的激励，那么，员工就会有更大的动力和意愿去完成任务、实现目标。这些奖励可以激励员工更加专注于工作，以实现员工个人和企业的目标。据媒体公开报道：2012年，碧桂园通过制定高额的奖励制度，推动了2013年1060亿元销售额目标的实现。与2012年销售额相比，碧桂园2013年的业绩增长了122.7%。而仅2016年一年，碧桂园就有6名区域总裁获得了上亿元奖励，这恐怕是迄今为止中国房地产企业的管理者获得的最高奖励。2020年，腾讯在香港证券交易所发布公告称，将根据股权奖励计划发行2664万新股，拟授予不少于29700位受奖励人士。以腾讯当时的最新收盘价计算，人均获奖励股份市值约为49万港元。如果以当时的每股532.81港元的认购标准计算，腾讯这次股权激励计划大约为142亿港元。毋庸置疑，碧桂园、腾讯都是各自行业里的优秀企业，它们的高成长、高效益与其高奖励不无关系。

奖励，尤其是重奖，需要在严密的管理系统支持下，才能够发挥应有的激励作用，否则，就变成一场赌博。郑州百文股份有限公司（简称“郑百文公司”）出于销售业绩增长的需要，制定了高额的奖励制度。奖励制度明确规定：但凡完成销售额一亿元者，可享受集团公司副总待遇，同时可以自行购置一部小汽车。此奖励政策出台仅一年时间，郑百文公司的销售额就从20亿元陡然间飚升至70多亿元，重奖的效果可谓立竿见影。但由于郑百文公司内部管理混乱，各地分公司为了完成销售指标，不惜采用购销价格倒挂的方式，大量商品高进低出，造成公司巨额亏损，最终导致郑百文公司于2000年破产。曾经世界500强排名第16位的美国安然公司（Enron Corporation）、美国第二大电信公司世通公司（WorldCom）的高管为了追求高额的期权激励，不惜铤而走险，采用财务数据造假的方式虚报公司经营业绩，最终导致这两家企业于2001年、2002年先后破产。美国安然公司CEO因此被判处有期徒刑24年，并处罚款4500万美元；美国世通公司CEO因此被判处有期徒刑25年。由此看来，重奖不可怕，可怕的是重奖之下，被激励者的行为发生偏移，为了重奖不择手段，结果适得其反。

奖励只有在高待遇的配套下才有意义，否则，就变成了空中楼阁。失速企业为了减轻负担，最容易做的事情就是降薪。当问及失速企业领导：为何员工待遇低？得到的回复基本一致：企业效益不好，哪里有钱提高待遇！失速企业将员工的价值视为企业效益的结果，而不是企业效益取决于员工的价值，这是本末倒置。失速企业表面上是产品缺乏竞争力，根源在于企业缺乏人才。有些失速企业在低待遇的基础上制订了高激励政策，希望通过与员工“对赌”的方式实现“双赢”，结果发现是“双输”。其中的道理很浅显，低待遇无法吸引和留住优秀人才。对于平庸的员工来说，企业给予再多的奖励也无济于事。平庸者不是不想要奖励，而是没有能力拿到奖励。企业奖励的目的不在于让平庸者变得优秀，而在于吸引和留住优秀人才。企业拥有了优秀人才，才有可能产生竞争力和经济效益。企业是先有人才的“鸡”，而后才有效益的“蛋”。没有高待遇作为条件吸引和留住优秀人才，企业效益就是“水中月”“镜中花”！

自2001年开始，襄阳轴承连续3年亏损，公司股票被戴上了“*ST”的帽子。为了改变失速局面，襄阳轴承于2003年初进行了以产权制度和用工制度改革为核心的二次改制。改制后的襄阳轴承人均月工资仅有632元（见表11），这在当时的襄阳市只能维持一个人的日常生活开支，根本不可能吸引和留住优秀人才。相反，由于改制带来的巨大冲击，公司技术和管理骨干开始不断流失。据统计，截至2003年，襄阳轴承历年来进入公司的大学毕业生已经流失掉70%以上，有的生产分厂竟然连一个正规中专学校毕业的技术人员都没有。1994—2003年，襄阳轴承没能引进一名应届毕业大学生。由于薪酬缺乏竞争力，加上考核机制不健全、改制产生的人心不稳等因素，员工积极性大幅度下降，公司效益进一步下滑。

2003年12月，格林柯尔并购襄阳轴承，随即开展并购管理整合。通过机构精简和人员优化，襄阳轴承员工数量由近8000人减少至1600余人，人力成本大幅降低。同时，全面启动薪酬改革。此次薪酬改革的总体原则是：企业高管、技术和营销人员的薪酬水平要居于行业最高水平；一般管理人员的薪酬水平要居于行业领先水平；普通工人及辅助工的薪酬水平要居于襄阳市领先水平。根据人力资源部门的统计数据，薪酬改革后，工人年收入增长了4倍；管理人员年收入增长了7.4倍；技术人员年收入增长了7.8倍；高层管理人员年收入增长了19倍。与此同时，襄阳轴承还制定了相应的激励政策，对工人实行计件工资制度，对销售人员实行佣金提成制度，对于管理和技术人员实行绩效工资制度。襄阳轴承在当时连工资发放都很困难的情况下，不但没有降低员工的工资，反而大幅度提升了薪酬待遇，为其后续的改革和发展奠定了坚实基础。

表11　襄阳轴承各类员工薪酬水平统计（1999—2003年）

单位：元

岗位类别	月平均工资				
	2003年	2002年	2001年	2000年	1999年
生产工人	617	536	673	368	618
辅助工人	622	557	716	443	748
管理、技术人员	677	611	781	464	776
部（处）级以上人员	803	724	911	525	896
小计	632	557	706	406	684
销售员	640	612	825	456	773
合计	632	559	709	408	686

【数据来源】襄阳轴承公司内部报告。

薪酬改革后，陆续有20多位之前辞职的技术和管理人员返回了襄阳轴承，成为公司重要岗位的技术和管理骨干。同时，从竞争对手那里吸引了不少优秀技术人才加盟，通过校园招聘引进了10多名重点大学的应届毕业生，充实在科研、生产第一线，为公司储备了大量技术人才。襄阳轴承先后于2005年1月与2005年6月分两次对员工进行薪酬满意度调查，两次调查的薪酬总体满意度均在85%以上。其中，技术人员、管理人员的薪酬满意度均达到95%以上。2004年，襄阳轴承顺利摘掉了“*ST”帽子，从此进入了良性发展轨道。时任襄阳轴承董事长高少兵感慨道：2003年的薪酬体系的改革，为公司保留了一批技术和管理骨干，让我们能够应对各种艰难时刻，对于襄阳轴承的发展意义重大。

据统计，2005年襄阳轴承的产量和产值均创下了历史新高，个别分厂更是连连刷新纪录。这一年，襄阳轴承主营业务收入较上年同比增长34.6%（见表12）。在主要原材料大幅涨价的情况下，生产成本反而较上年同比下降15%，产品质量也有了明显的改善。如今的襄阳轴承早已今非昔比，2013年，襄阳轴承并购了波兰最大的轴承企业KFLT，从单一的产品出口转为国外基地生产直销，开始国际化布局。年报数据显示，2021年襄阳轴承的营业收入是2003年的7倍以上。很显然，高待遇是襄阳轴承走出失速危机，重启增长引擎的重要推手。襄阳轴承的成功案例完美地诠释了激励与高待遇之间相互配套、缺一不可的关系。没有高待遇的激励，其实就是“空手套白狼”；而没有激励的高待遇，事实上就是“大锅饭”。

表12　襄阳轴承经济效益统计（2003—2005年）

指标	中期数据			年度数据		
	2005年中期	2004年中期	增长率	2004年度	2003年度	增长率
主营业务收入	13975万元	10379万元	34.6%	22523万元	21477万元	4.9%
净利润	1100万元	85万元	1194.2%	1089万元	784万元	38.9%
每股收益	0.0783元	0.0061元	1194.2%	0.0775元	0.0558元	38.9%
每股净资产	2.583元	2.417元	6.9%	2.5元	2.405元	4.0%
净资产收益率	3.03%	0.25%	1112.0%	3.1%	2.32%	33.6%

【数据来源】上市公司年报。

高待遇与企业绩效之间的关系研究由来已久。西方学者在20世纪90年代就开展了这方面的实证研究。国内学者对此问题的研究起始时间较晚，大约在21世纪初。中外研究结果基本一致：一个研究结果认为，高待遇与企业绩效正相关，即高待遇会带来企业的高绩效；另外一个研究结果认为，高待遇与企业绩效不相关或弱相关，即高待遇对于企业的绩效影响微乎其微，甚至没有影响。2008年美国爆发金融危机，华尔街濒临破产和倒闭的投行高管们依旧享受着高待遇，成为高待遇与企业绩效不相关的有力证明。至今为止，中外学者对此问题的研究尚未得出一致结论。事实上，高待遇与企业绩效之间没有关系。高待遇不能给企业带来高绩效，就如同高待遇不能让平庸者变得优秀一样。高待遇的意义在于为企业吸引优秀人才，是优秀人才给企业带来高绩效，而非高待遇本身。

人的需求多样性、多层次性和复杂性，决定了调动人的积极性不只有高待遇激励一种方式。现代激励理论告诉我们：人除了对金钱的需求，在工作情景中还有三种主要的动机或需求，即成就需求、权力需求和归属需求。成就需求者，追求的是个人成就而不是成功之后所带来的奖励。高成就需求者与其他人的不同之处在于，他们渴望把事情做得更完美，追求那种能发挥独立处理问题能力的工作环境，他们喜欢设立具有挑战性的目标，愿意接受解决问题时所遇到的挑战，追求成功的感觉。很多创业家功成名就之后依旧创业热情不减，他们追求的已经不再是财富的多少，而是创业过程中的挑战和创业成功后的成就感。权力需求者，喜欢作为控制者影响别人，他们喜欢更高的职位和更大的权力，至于高待遇反而倒是其次。归属需求者渴望友谊，喜欢合作而不是竞争，他们喜欢团队内部相互理解和融洽的氛围，权力和待遇并不是他们追求的唯一目标。

马斯洛的需求层次理论告诉我们：人的需求是分层次的，不同需求层次上的人所需要的激励方式不一样。而且人的需求不是由低层次到高层次一层一层递进的，而是同时存在多个层次的需求，只是在某个需求层次中，一种需求占据主导地位而已，但这并不意味着其他非主导地位的需求不被需要。因此，激励需要因人、因事而异，还要因时而异，不能一概而论。虽然奖励对于企业的执行力很重要，但是，奖励不能过度，奖励过度就等于另类的惩罚。奖励多了容易使人骄傲自满，反而会使人失去前进的动力，甚至倒退。一味地奖励容易使人只盯住奖励，养成不给奖励不做事的习惯。时间久了，奖励也就慢慢失去了吸引力，若要使人做事，就需要给予刺激性更大的奖励才行。最后导致奖励走向其反面，成为员工和企业打造执行力的障碍。

所以，光有奖励不行，还必须要有惩罚，所谓“胡萝卜加大棒”。相对于奖励而言，惩罚的作用在于纠偏，即帮助员工认识缺点，改正错误。管理者通过否定员工在工作中的错误观念和行为，督促员工改正以便获得经验与教训，提升自身的素质和能力。对于被惩罚的个人来说，惩罚会产生强大的精神压力，有利于提高自我反省能力和解决问题能力，具有较强的激励功能。惩罚还可以唤醒一个人的荣誉感、责任心，激发背水一战的勇气和决心，所谓“知耻而后勇”。中国历史上的春秋时期，越王勾践知耻而后进，卧薪尝胆，忍辱负重，发愤图强，最终举兵攻破吴国都城，迫使吴王夫差自尽，实现复仇夙愿。这是一个在中国喻户晓的励志故事，也是负激励使人成功的经典事例。

惩罚要适当。惩罚力度太弱，达不到惩罚的目的；惩罚力度太大，会伤害员工的进取心，反而产生“离心力”。过度的惩罚会产生副作用，就像过度的奖励会产生副作用一样。惩罚如果把握得好，可以充分调动员工的积极性，形成强大的执行力。惩罚既是对违规者的严厉告诫，也是对遵守规定的员工的变相激励。惩罚要本着“惩前毖后，治病救人”的原则，惩罚不能过激，也不能为了惩罚而惩罚，否则，反而会加剧被惩罚者的对立情绪，不利于工作开展。现代心理学关于人类行为方式的研究，揭示了人类个体在行为选择上的一般规律：人们总是选择那些能够产生最大奖励和最小惩罚的行为方案。就人性而言，大多数人都是趋利避害的。奖励的目的不仅要使员工得到心理及物质上的满足感，而且还要达到激励员工更加勤恳工作、奋发向上，争取更好的成绩。惩罚的目的在于促使员工保持应有的工作态度和工作效率，提高员工遵纪守法和自我约束的意识，确保公司的各项规章制度得到有效执行。

奖罚分明，难在执行。在大企业里，由于人才数量多、替补性强，严格执行奖罚制度比较容易。但是，在中小企业里，由于“一个萝卜一个坑”，严格执行奖罚制度有难度。很多中小企业在惩罚违规员工时，总有一种投鼠忌器的心理，担心惩罚会引起员工不满，甚至离职，给企业后续工作带来麻烦。所以，总是大事化小、小事化了。殊不知，这种处理方式反而会给企业带来更大的隐患。原因在于：对于违纪员工本人而言，会感觉这次有理由逃脱，下次会出现更多的理由；对于企业和管理者而言，在守纪员工心目中的威信会大幅度下降；对于守纪员工而言，这是最大的不公平。守纪员工会认为企业奖罚不明，从而影响他们的工作积极性。同时还会产生非常坏的心理暗示：员工会认为，只要自己能够成为企业不可或缺的人，无论犯什么错误，企业也无可奈何。因此，有心计的员工会力求成为于企业而言独一无二的人——他们不再愿意招聘有能力的下属，也不再愿意培养下属，这样，他们就可以永远享受企业“独生子女”的待遇。

有些企业还存在“将功补过”的思想，对于那些曾经为企业做过贡献的人，即便犯了错误，甚至是严重错误，也会念在其过往的工作成绩上，简单处理了事。很显然，这种思想不可取。打造企业的执行力必须坚持奖罚分明，且功不抵过，只有这样才能树立“奖罚分明”的企业文化。

三、慧眼识才需要新方法

“选对人”需要慧眼识才。人才识别错误会导致人才误用，给企业带来的不仅是资源的浪费，更重要的是机会的丧失。如何才能精准识人？人力资源管理教科书中介绍了很多面试方法，比如结构化面试、非结构化面试、无领导小组讨论、文件筐测试、情景模拟，以及STAR面试法等。有时候，为了提高面试的准确性，人力资源部门还会借助于诸如智力测试、技能测试、性格测试等测评工具。通过人才测评工具对人的知识、技术和性格等进行评价，与借助各种医疗检查设备诊断病人是一个道理。但是，这两种做法的实际效果却大相径庭。原因是，疾病是一种自然状态，容易被识别和诊断；而人善于伪装，识别起来要难得多。在招聘面试中，如果抛开面试官个人的经验和能力，仅凭人才测评识别人才，通常是不准确的。事实上，也很少有企业这样做。

彼得·德鲁克在其经典著作《管理的实践》一书中指出：企业在选拔管理者的时候，大约有三分之一是准确的。据不完全估计，企业招聘面试的准确率一般只有50%～70%，这意味着有相当一部分的面试结果是不准确的。候选人为了获取工作机会，常常会夸大自己的专业知识和技能，人力资源部门往往难辨真伪。用人部门虽然对人才在专业知识和技能上有鉴别力，但缺乏对其素质的判断力，而素质恰恰是最重要的。美国心理学家麦克利兰（David C. McClelland）教授认为，一个人在工作上能否取得好的成就，除了取决于是否拥有工作所必需的知识和技能外，更重要的是，取决于深藏在其大脑中的人格特质、动机及价值观等素质。一个人的专业知识和技能属于显性的、容易了解和测量的部分，相对而言容易被识别；而一个人的社会角色、自我形象、特质与动机等素质，则属于内在的、难以了解和测量的部分，不容易被识别。所以说，精准识人并不是一件容易的事，如何才能做到慧眼识才？下面介绍两种新的人才识别方法："一二三"评价法、全息面试法。

1 "一二三"评价法

毛泽东说过："政治路线确定之后，干部就是决定的因素。"中国共产党历来高度重视选贤任能，始终把选人用人作为关系党和人民事业的关键性、根本性问题来抓。党的十八大以来，以习近平同志为核心的党中央鲜明提出新时期好干部标准，进一步强化党组织领导和把关作用，完善选人用人制度机制，推动选人用人工作取得显著成效、发生重大变化。伟大的斗争、宏伟的事业，需要高素质干部。中共中央印发的《党政领导干部选拔任用工作条例》对于干部选择与任用有详细规定，其选拔过程为：组织部门采取查阅资料、与相关人员个别谈话、发放征求意见表、民主测评、实地考察、专项调查、同考察对象面谈等方法，以广泛深入了解被考察对象的工作业绩、工作能力及操守德行等情况，为干部任用提供决策依据。

企业人力资源管理离不开人才评价。人才评价不仅是人岗匹配的基础，更是人才招聘、发展、培训、晋升和淘汰的重要依据。通用电气（GE）每年都要进行人才盘点，GE总裁和高级人力资源副总裁与每个事业部及职能部门负责人一起，开会讨论各个单位的人才情况。会议讨论内容包括但不限于：公司战略对于人才的要求与影响、组织和个人关键绩效回顾、评价与识别人才、高潜质和落后人才培养计划等。在长达12～14个小时的会议中，与会者对各个单位的人才进行全面评价。人才评价内容包括：优秀的人才都有谁？特点是什么？谁应该得到奖励、晋升和发展？怎么去做？谁没有达到业绩目标？等等。人才评价方式包括：自我评价、上级评价和360度评价。GE通过人才评价与识别来发现优秀人才，形成“继任者”计划以及人才梯队，并以此为基础进行人才的激励、储备、培养和优化。由此可见，人才评价对于任何组织来说都是非常重要的工作。

“一二三”评价法是指：一看业绩判能力；二人面谈辨真伪；三方求证定结果。具体来说，第一，通过被评价人过往的业绩与成就，判断其工作能力的大小。第二，通过与被评价人面对面沟通交流，辨别其过往的业绩与成就同其个人能力之间可能存在的直接或间接的关系。同时，深度了解被评价人的素质，以判断其素质与能力、成就之间的关联性和一致性。第三，通过对被评价人的上级、平级和下级展开

360度评价，获取周围人对其能力、业绩和素质的全方位评价，以佐证或修订评价结论，并最终形成全面、客观的人才评价报告。不难看出，“一二三”评价法与中共党政领导干部任用考察方法极其相似。

“一二三”评价法适用于对过往知识、经验和能力有明确要求的人员评价。这是一个简单有效的人才识别方法，但是，不足之处也是显而易见的。对于没有工作经验，或虽有工作经验但没有工作业绩的人；对于拥有工作经验，但中途希望改变专业岗位的人；以及对于某些不需要过往工作经验的特殊人员，比如，创新创业人才，“一二三”评价法显然难以辨别。人人都说好的人，未必适合从事诸如审计、监察这类需要铁面无私、敢于得罪人的工作岗位。《增广贤文》中的“慈不带兵”，说的就是这个道理。此外，一个人过往取得的业绩与成就，不一定会带来未来的必然成功。虽然成功离不开素质、知识、经验和能力，但更离不开环境。有时候，环境在一个人的成功过程中起到非常重要的作用，所谓“时势造英雄”。早年很多中国民营企业出于竞争的需要，不惜重金从世界500强企业挖来高端人才，最后发现能够发挥作用的寥寥无几，究其原因是“水土不服”。不是引进的人才的能力和素质不行，而是民营企业的环境和土壤不合适，使得引进的高端人才难以发挥作用。“橘生淮南则为橘，橘生淮北则为枳”，此乃环境使然，人才也是一样。

2 全息面试法

世界上许多看似不相关的事，其实都是关联的。一个人的能力和成就通常与其家庭环境、教育背景、成长经历、性格特征等存在某种方式的必然联系。在招聘面试中，面试官能够感知到的候选人的素质与能力，大都只是一个点、一条线或一个面。若要真正识别候选人，面试官需要将这些点、线和面拼凑起来，将候选人的能力和成就与其经历、知识和素质等关联起来，尤其是与其深藏不露的各种背景关系链接起来，还原一个真实、完整、自洽的候选人，而不是候选人的一部分素质与能力，甚至相反的东西。显然，这很难通过面对面交流或者360度评价来轻易获取，它需要面试官具备丰富的面试经验和超强的洞察力，能够透过现象看本质，将候选人真实的素质、能力、性格特征等识别出来，如同孙悟空的“火眼金睛”一般。

“全息面试法”是指通过一个人的家庭环境、教育背景、工作经历、语言表达、语音语调、肢体语言、微表情等传递出来的所有信息，对一个人的能力、个性、特质、兴趣及价值观等进行识别的一种面试方法。人是环境的产物，环境会在一个人身上留下痕迹。家庭环境影响一个人的性格和品德，教育背景反映一个人的知识和素养，成长经历成就一个人的能力和眼界。世界上没有不学自通的知识，也没有不经过实践就可以获取的能力。人的每一个行为表现，都是其相应心理素质在特定环境下的特定表征。每个人的行为都是其内心世界的映射，每个人的过往经历以及内化的能力、特质和风格等，都会通过某种方式显现出来，只是每个人呈现的程度不同而已。

家庭是人生开始的第一个环境，父母是人生启蒙的第一任老师。家庭环境是一个人成长和发展的重要场所，它深刻影响着一个人的性格、价值观和行为方式。美国著名的家庭治疗师弗吉尼亚·萨提亚（Virginia Satir）曾经说过："一个人和他的原生家庭有着千丝万缕的联系，而这种联系有可能影响他一生。"家庭环境包括物质环境和精神环境两个方面。家庭的物质条件、地理位置等物质环境，为一个人的人格形成和发展提供物质基础和推动力；家庭成员的素质、教养、人格、职业，以及生活方式、工作态度、价值观等精神环境，对一个人的道德观念、认知能力、情绪情感、行为准则、生活习惯等有着极其重要的影响。比如，在宠溺的家庭环境下长大的人，通常以自我为中心；而在贫困家庭环境下长大的人，大多比较独立、善解人意、懂得换位思考，所谓"穷人家的孩子早当家"。良好的家庭环境有利于培养自信、乐观、积极向上的性格，而严厉、苛刻的家庭环境更容易导致内向、消极、缺乏自信的性格，等等。

法国思想家让-雅克·卢梭（Jean-Jacques Rousseau）说过："植物的形成由于栽培，人的形成由于教育。"教育是人生成长、发展过程中的一个重要环节，教育不仅传授知识与技能，训练思维方式，而且塑造价值观和人生观。一个人的专业知识、逻辑思辨能力与语言表达能力与其教育背景密切相关。专业知识决定解决专业问题的能力，所谓"知识就是力量"。逻辑思辨能力与接受的教育训练高度关联，语言表达能力取决于阅读量与受教育程度。理工科毕业生的逻辑思辨能力通常要比艺术类毕业生强，因为理工科教育会专门训练逻辑思辨能力，而艺术类教育更看重感知与直觉。受教育程度高的人的语言表达能力，一般要比受教育程度低的人强，因为理解是表达的基础，词汇是表达的工具，无论是理解力还是词汇量，都与受教育程度分不开。因此，可以通过一个人的语言表达能力和逻辑思辨能力判断其受教育程度，反之亦然。

成长是一种经历，成熟则是一种阅历。彼得·德鲁克说过："管理是一种实践，其本质不在于'知'，而在于'行'；其验证不在于逻辑，而在于成果。其唯一权威就是成就。"这句话与"实践出真知"是一个道理。其实，不仅管理能力需要来自实践，技术能力同样离不开实践。一个人无论理论知识多么丰富，如果没有经过实践的历练，没有经年累月的积累，终究还是纸上谈兵，无法真正形成能力。难怪诗人陆游感叹道："纸上得来终觉浅，绝知此事要躬行。"工作经历并不代表工作能力。但是，如果放眼于更长的时间来看，两者具有一致性。这也就是说，一个在专业岗位上有过长期、稳定工作经历的人，通常要比一个不断更换工作岗位的人更有工作能力；一个长期在高职位上工作的人，通常要比一个一直在低职位上工作的人更有领导力。很多时候，这种差异不仅体现在领导力上，而且体现在举止、神态和气质上。

一个人说什么样的话，代表着他有怎样的品行与性格。说话，会将一个人的学识、修养以及价值观都呈现出来。心理学家弗洛伊德（Sigmund Freud）说："没有口误这回事，所有的口误都是潜意识真实的流露。"一个人的人品好不好，从说话中可以看出来。人品可靠的人，说话做事比较得体，有修养，也很谨慎；讲话喜欢引经据典的人，通常是博学多才、充满自信、表现欲强且崇尚权威之人；而说话用词简单的人，大多数是具体做事的人。在叙述中不直呼其名而使用代词，如“那个人”，通常是厌恶，或试图隐瞒真相的表现。比如，美国第42任总统克林顿在陈述他与前白宫实习生莱温斯基之间的性丑闻时是这样说的：“I did not have sexual relations with that woman，Miss Lewinsky．”克林顿不用*didn't*，以及用*that woman*，都在表明他在刻意拉开距离，隐瞒事实。人在描述一连串发生的事情时，如果事情是编造的，他可以按虚构好的顺序叙说，但却无法倒叙重复。如果你发现一个人无法准确重复或倒叙一件事，基本上可以判断这件事是假的。

人的声音和语调能够表达出情感状态和个性特征。一些声音特征，如音高、语速、语调、音量和语音韵律，都能揭示出一个人的性格特点。众所周知，人们在兴奋、惊讶或感情激动时说话的语调就高；而在相反的情况下，语调就低。在同一个场合下，如果某个人对一个人说话时语调高，而对另外一个人说话时语调低，你大抵可以判断出说话者的两种不同态度和心态。心理学认为：每个人说话的方式都与别人有着一定的差别。但是，从这些看似天成的说话方式里提炼出来的性格密码，却带有一定的规律性。比如，说话声音大的人，大都性格开朗、豁达，为人坦荡；说话心直口快的人，一般思维简单，没有城府，容易打交道；而说话委婉、客气、彬彬有礼的人，通常性格温顺和善，考虑问题周全，不会轻易为难别人；说话速度快的人，一般天性活泼、思维敏锐、感觉灵敏，对于别人的言行领悟较快；而说话速度慢的人，通常性格沉稳，不容易在别人面前表现出大喜大悲，善于掩饰自己的情绪，等等。因此，可以通过说话时的语音、语调和语速等，判断一个人的性格特征。

肢体语言可以透露出身体每一个动作所蕴含的不同密码，告诉你这个人的思想、情感、兴趣和意图等信息。甚至一个人随身携带的公文包、眼镜，以及他（她）们的妆容，都能传达出丰富的信息，所谓“意在言外”。著名作家威廉·莎士比亚（William Shakespeare）说过：“沉默中有意义，手势中有语言。”在无声电影时代，肢体语言是银幕上唯一的沟通方式，只是在有声电影时代来临之后，人们逐渐将注意力从无声的肢体语言转移到演员的对话上。肢体语言研究先锋人物阿尔伯特·麦拉宾（Albert Mehrabian）认为：一条信息所产生的全部影响力中，7%来自语言（仅指文字），38%来自声音（包括语音、语调等），剩下的55%则全部来自无声的肢体语言。肢体语言是人的下意识举动，所以很少有欺骗性。肢体语言的这个特征，为面试评价提供了一个重要的辅证手段。只是在解读肢体语言时，需要解读者一边倾听谈话，一边观察说话者的语境和肢体语言。整个过程中需要解读者所有感官的参与，而不只是视觉感官。同时，还要区分虚假的或误导的肢体语言，将所有肢体语言进行过滤、整合，然后去伪存真，方能获得说话者的肢体语言所蕴含的真实情感、意图和相关信息等。

表情是人类表达情感的重要非言语性行为，被视为人类心理活动的晴雨表。微表情与普通表情有所不同，它是一种非常快速的表情，持续时间仅为1/25秒至1/5秒，因此，大多数人往往难以觉察到它的存在。微表情是一种自发性的表情动作，它表达人试图压抑与隐藏的真正情感。比如，谈话时两人间的距离很能说明彼此间的亲密关系；挺胸、下巴抬起、微笑通常是自信的表现；说话时一直把手放在裤兜里或抵着大腿，一般是紧张的表现；手臂紧贴腿部，手指竖起，则被认为是心里不安的表现；眉毛往下，眼皮上扬，表明这个人可能好斗；惊奇、害怕的表情在脸上超过一秒，一般是假装的；真正的愤怒会慢慢开始，逐渐形成，而假装的愤怒会是突然间爆发；一个人真正发怒时会突然大声说话，同时伴随着强烈的肢体语言，如果二者之间有时间差，大多数是假装的；等等。瞬间闪现的微表情能够揭示人的真实感情与情绪，虽然这种下意识的表情只持续一瞬间，比起人们有意识作出的各种表情，微表情更能体现一个人的真实感受与动机，它为面试者了解候选人的内心世界打开了一扇窗户。

再如，智商高的人通常情商不高，反之则不成立。但是，一个人过于圆滑世故、见风使舵，大概率是平庸之辈。叔本华在其《人生的智慧》（*Aphorismen zur Lebensweisheit*）一书中有句论断：“对于一个年轻人来说，如果他很早就洞察人事、谙于世故、精于与人应接、周旋，所以在进入社会处理人际关系时，很快能够驾轻就熟，那么从智力和道德的角度看，这不是一个好的迹象，它预示着这个人属于平庸之辈。但是，如果在类似的人际关系中，一个年轻人表现出诧异、惊疑、笨拙、乖僻，那么反而预示着他具备高贵的品质。”

诸如此类以观察识人的方法，古已有之。中国古代圣贤已经总结出很多观察识人的有效方法，比如，《论语·为政篇》中孔子说："视其所以，观其所由，察其所安。人焉廋哉？人焉廋哉。"其大意是：观察清楚一个人的行为方式、行为动机以及价值取向，那么，这个人的真面目还怎么能藏得住呢！诸葛亮《知人之道》中的"识人七法"是这样说的："一曰，问之以是非而观其志；二曰，穷之以辞辩而观其变；三曰，咨之以计谋而观其识；四曰，告之以祸难而观其勇；五曰，醉之以酒而观其性；六曰，临之以利而观其廉；七曰，期之以事而观其信。"曾国藩在日记中对其观人识人的方法总结为："邪正看眼鼻，真假看嘴唇；功名看气概，富贵看精神；主意看指爪，风波看脚筋。若要看条理，全在语言中。"凡此种种，不一而足。

曾经有人说过：一个人的脸，就是一个人价值的外观，它不仅藏着你的生活，还藏着你正在追求着的人生。英国第49任首相撒切尔夫人有句名言：小心你的思想，它会成为言辞；小心你的言辞，它会成为行为；小心你的行为，它会成为习惯；小心你的习惯，它会成为性格；小心你的性格，它会成为命运。通过全息面试法所获得的各种信息，与人的素质与能力之间不是一一对应的关系，甚至不是一因一果，而是多因一果。我们很难根据一个人的某个行为或状态，给其素质与能力下结论。运用全息面试法就像拼凑七巧板一样，面试者需要做的是将候选人身上透露出来的全部信息进行拼图。对于一个正常人来说，其有意无意透露出来的每一个信息，都是其个人"素质与能力地图"中不可缺少的一部分。

就如同七巧板上的每一个小图片，都是其整个图案中不可缺少的一部分一样。如果发现某个小图片与图案不匹配，那一定是你还没有拼对位置；如果发现某个人的行为和状态与脑海中的典型人群不一致，那一定是你对其解读还不够深入。

在常规面试中，面试官需要根据候选人陈述或回答的内容，对候选人进行画像，并据此对候选人的素质、能力、个性等进行判别。对于拥有丰富面试经验的候选人来说，他可以巧妙地规避面试官的各种试探性问题，或者通过各种伪装来掩饰自己，甚至还会通过各种虚假陈述来虚构自己的素质与能力。面试官如果仅根据候选人的陈述内容画像，画出来的肯定不是候选人自己，很可能是其领导或同事。这就是为什么面试准确率不高的一个主要原因。然而，全息面试法依靠的是一种“直觉”，但直觉的背后是“大数据”和“算法”。这里的“大数据”是脑海中存储的各类人群的典型状态和行为；而“算法”则是将典型状态和行为与其背后的家庭环境、教育背景、工作经历以及社会关系等各种背景进行链接，从中找到彼此间的因果关系及关联程度。华顾咨询的实践结果证明：全息面试法的准确率可以达到90%以上。

全息面试法与人脸识别技术的原理很类似。面试官在大脑中存储了大量不同人群的典型状态和行为，通过将候选人所展示出来的各种状态和行为，与脑海中存储的典型人群进行比对。一旦比对成功，无论候选人如何掩饰自己，其欲掩藏的东西都将无所遁形。这就如同我们即便戴上口罩，人脸识别技术照样可以识别出来一样。据媒体公开报道，中国科研人员基于大数据与人工智能技术辅助放射科医生进行医学图片识别，可以将常见肺部症状医学图像识别的准确率提高到85%以上。这已经超越了除胸科医院医生之外，普通三甲医院医生的诊断水平。全息面试法与人工智能技术的不同之处在于：人工智能是将数据存储在芯片中，而全息面试法则是将数据存储在人脑中。

中国古文物鉴赏界也有类似的全息面试法。中国古文物鉴赏家王世襄的《锦灰三堆》一书中，专门有一篇《望气与直觉》谈及古文物的鉴定方法，该篇看似简单，实则意寓颇深。王世襄认为，绘画有“景儿”，器物有“味儿”，书法有“神”，他可以凭借“景儿”“味儿”“神”鉴定文物的真伪。这与借助于现代科技手段，比如放大镜、显微镜、碳-14等，鉴定文物真伪的技术派判然有别。技术派鉴定通常是根据一些“招数”，抱着器物翻来覆去地看，按图索骥地比对，符合即真，不符合即伪。这种文物鉴别方法的误差率比较高。即便使用碳-14断代技术这个文物考古界中所谓的万能“法器”，也常常难以识别文物的真伪。例如，20世纪初，一些文物造假者利用盗墓保存下来的古代竹木材料做仿制古竹简，可以达到以假乱真的地步，便是例证。

王世襄的“望气”鉴定法完全是另外一种境界。在王世襄看来，所谓“气”，就是“气韵”，是指透过被鉴定文物本身看到它背后的精神世界，气韵表现的是一个时代所特有的精神。“望气”把握的是文物的整体气息和宏观视野，而不是盲人摸象般的“只见树木，不见森林”。“望气”从规则出发，无规则束缚。“望”须用眼，“气”须感受，眼过万件真品之后方能去形求气。据王世襄的弟子田家青先生的回忆录《和王世襄先生在一起的日子》中所述，佳士得、苏富比等海外拍卖行曾经邀请王世襄帮助鉴定文物的真伪。王世襄不像大多数文物鉴定人那样一页一页地细看，他仅仅是翻看图录，就像魔术师洗扑克牌一样，从图录第一页起“唰、唰、唰”直捋过到最后一页，反复翻看两三遍即可完成鉴定。王世襄看一本图录的全部时间一般不超过5分钟，其鉴定文物的速度之快，实在令人称奇。王世襄的“望气”鉴定法，被业界公认为古文物鉴定的最高境界。

王世襄之所以能够“一眼明”，是因为他在艺术品方面积累了深厚底蕴。他从小涉猎中国文化，醉心于研究中国书法和绘画。气韵和精神在书法和绘画上的反映最为鲜明。他还研究青铜器、漆器、佛像、造像、乐器、竹刻、家具等，融会贯通各种艺术门类，捕捉这些器物间内在相应的联系和时代精神之间的关系，找到历史脉络。因此，他能透过器物的表象看到背后的时代特征和艺术水准两个本质。他不是着眼于具象，而是放眼于宏观，对各类鉴定品加以审视和判断。作伪者可以在细节上进行技术造假，但无人可以伪造历史。王世襄的“望气”看似玄奥，其实是植根于大量实践基础之上的，即把握住时代气息。气韵和器型是时代的反映，人脱离不了时代的大背景，再狡诡的造假者也难以超越历史，完整复现当年的气韵。“望气”之准，道理即在于此。

第五章

文化重塑

在企业的成长过程中，文化的重要性不言而喻。企业文化是企业在长期的经营活动中所形成的共同价值观念、行为准则、道德规范，以及体现这些企业精神的人际关系、规章制度、厂房、产品与服务等事项和物质因素的集合。企业文化在引导和制约员工行为，增强企业凝聚力、向心力和战斗力方面，发挥着不可替代的作用。企业不仅需要依靠技术、产品等硬实力占领市场，更需要有文化软实力来驱动发展。这就如同计算机一样，拥有强大的CPU固然重要，但是驱动软件必不可少。如果说产品、技术、装备、服务、品牌等是确保企业稳定运行的“硬件”，那么文化就是企业实现经营目标的“软件”。

企业文化之于企业，就如同性格之于人的命运一样，如果说“性格决定命运”，那么，企业拥有什么样的文化，就决定它拥有什么样的未来。企业文化就像空气一样存在于企业的组织之中，它的存在远胜于有形的制度。企业文化深刻影响着企业战略的制定和经营模式的选择，甚至直接影响企业的兴衰成败。

企业文化是企业的灵魂，是推动企业发展的不竭动力。其核心是企业精神和企业价值观，它体现在企业的管理制度、经营实践、员工行为之中，并借由文化的力量推动着企业发展。企业人力资源管理的终极目标，是最大限度地发挥每个员工的聪明才智，并让他们的聪明才智朝着有利于企业实现战略目标的方向发展。

企业文化的作用之一，就是将文化内化为员工的行为准则，使员工从“他律”发展到“自律”，从“企业要我这样做”转变为“我自己要求这样做”。促成这种转变的因素是多方面的，包含物质激励、精神激励、文化激励等。物质激励可以在一段时间内产生动力，但随着时间的推移，物质激励的效果会逐步减弱。精神激励亦是如此，其所能产生的激励效果也有时效性。相比之下，文化激励则更加持久，它可以使员工从内心深处产生一种永恒的动力，这种动力源于员工的价值取向，不会受到外在因素的影响。来自灵魂深处的“文化力”是顽强而持久的，它深刻影响着员工的思想和行为，同时也影响着企业发展。

一、优秀企业离不开文化

自20世纪80年代以来，企业管理在经历经验管理、科学管理之后，迈入了文化管理时代。国内有学者研究认为，21世纪的企业管理有4个特点：其一，以企业文化为龙头抓企业管理；其二，实施以人为中心的管理；其三，管理的重点是人；其四，在市场竞争中依靠文化力带动经济力。企业的生命在于管理，管理的核心在于文化，文化的主体在于员工。优秀的企业文化取决于企业高素质的员工队伍，而高素质的员工队伍来自优秀的企业文化氛围、完善的企业用人机制及良好的用人环境。优秀的企业文化为员工发展创造出适合的内部环境，使企业人才脱颖而出，让员工各展所长，各尽所能，员工在实现自身价值的同时，推动企业的发展。常言道：三流的企业人管人，二流的企业制度管人，一流的企业文化管人。不难发现，所有优秀企业都拥有优秀的文化。

哈佛商学院教授约翰·科特（John P. Kotter）曾经说过："只要你是成功者，你就会有一种企业文化，不管你是否想要。而没有企业文化的，只能是那些长期以来不断失败的而且继续失败的公司。”无论多么完善的企业管理制度，如果没有文化作为配套和补充，也是徒劳的。因为任何一个制度都不可能完美，都会存在着漏洞。只有将文化作为制度以外的补充，弥补制度刚性带来的空白，以及在制度难以监管的地方，通过文化自觉发挥约束作用，企业才能够健康发展。否则，企业就会陷入“上有政策，下有对策”的博弈困局。另外，在制度之外，企业只有通过文化才能引导员工自动自发地工作。所以，海尔张瑞敏才会说：所有成功的企业必须有非常强烈的企业文化，企业文化就是企业精神，企业精神就是企业灵魂，这个灵魂如果永远不衰、永远常青，企业就会永远存在。阿里巴巴创始人马云说：技术并非阿里巴巴的核心竞争力，公司文化才是。

研究证明：企业文化与企业绩效之间存在着十分紧密的关系。那些拥有优秀文化的企业在销售、员工人数、股票价格以及净收入增长方面普遍超过他们的竞争对手。1999年，美国学者迪尔（Terrence E. Deal）和肯尼迪（Allen Kennedy）在对1982年他们研究过的企业进行回访时发现，这些拥有优秀文化的企业股价已经达到标准普尔平均股价的2倍。管理学家吉姆·科林斯（Jim Collins）和杰里·波拉斯（Jerry I. Porras）调查分析了从20世纪20年代起就开始跟踪的36家企业，结果发现：自1926年起，那些被认为拥有优秀文化的企业的股价，超出市场平均价格14倍。哈佛商学院连续17年跟踪美国上市公司市值变化情况，得出的结论是：与不具备优秀文化的企业相比，一个拥有优秀文化的企业，其经济效益是前者的17倍，员工人数是前者的29倍。约翰·科特教授用了11年时间对企业文化与企业发展之间的关系进行研究（研究结果见表13），也得出了类似的结论：重视文化的企业的经营业绩远比那些不重视文化的企业要好，文化对企业长期经营业绩有着重要的影响。

表13　企业经营业绩与企业文化的关系

项目	销售增长率	员工人数增长率	股票价格增长率	净收入增长率
重视企业文化	682%	282%	90%	756%
不重视企业文化	166%	36%	74%	1%

【数据来源】彭剑锋：《企业文化与中国企业面临的十大问题》，《中国企业文化》2005年第11期。

华顾咨询对国内主要家电企业美的、格力、海尔、长虹、海信、创维、TCL、康佳的营业收入增长率进行研究，发现这8家企业在2001—2006年的营业收入年均复合增长率的平均值为15.9%。而重视文化的科龙、美菱在此期间的营业收入年均复合增长率的平均值为23.7%，高出前面8家企业的平均水平近50%。科龙、美菱都是以冰箱为主业的家电制造企业，它们由于失速，分别于2001年和2003年先后被格林柯尔公司并购。格林柯尔公司并购这两家企业后，随即对每家企业开展了为期3年的“整风运动”，即文化变革。根据年报数据显示，科龙、美菱各自在被并购后的3年内，营业收入年均复合增长率分别为21.4%和26.0%（见表14）。值得注意的是，科龙2001年亏损15.5亿元，美菱2002年亏损3.49亿元。这两家失速企业能够迅速扭亏为盈，重启增长引擎，显然，格林柯尔公司的“整风运动”功不可没。

表14　2001—2006年10家家电企业年均复合增长率统计

指标	美的	格力	海尔	长虹	海信
年均复合增长率	13.8%	29.2%	11.5%	14.5%	24.9%
指标	创维	TCL	康佳	美菱	科龙
年均复合增长率	19.1%	29.7%	13.5%	26.0%	21.4%

注：美菱数据取自2003—2006年；科龙数据取自2001—2004年。
【数据来源】华顾咨询整理。

为什么拥有优秀文化的企业的业绩会更加优秀？因为在拥有文化的企业里，员工能感到一种认同感、安全感和自豪感，这些感觉会使员工更加主动地努力工作，而且工作绩效会更加卓越。管理制度对于管理固然十分重要，但是，管理制度不足以协调和处理微妙的、细微的矛盾和问题，而文化则可以做得到。价值观的一致性使得团队成员容易统一思想、统一认识，减少工作中的内耗和交易成本，达到事半功倍的效果。在文化高度一致的企业里，员工彼此之间拥有一种默契，当企业确定一个具体目标时，员工就会不由自主地形成一股合力，众志成城，自然所向披靡。但是，在一个缺少文化认同的企业里，员工就如同一盘散沙，目标总是因为人们不能形成共识而事倍功半。美国密歇根大学教授罗伯特·奎因（Robert Quinn）在其著作中说：“成功企业持续不断成功的原因，归结为企业自身的价值观多于市场因素；归结为企业人的信念多于竞争的排名；归结为高瞻远瞩多于资源优势。事实上，从来就不可能找到一家不具有鲜明的、易于辨认的组织文化，而又在业界具有领导地位的企业。”

优秀的企业文化不仅可以把员工紧密地团结在一起，形成强大的向心力和凝聚力；而且还可以吸引与企业志同道合者主动加盟，对于吸引和稳定人才起到重要作用。创新工场创始人李开复曾经说过：吸引他最终决定加盟谷歌的主要因素之一，就是谷歌的文化。企业文化同时也像一个无形的指挥棒，让员工自觉地按照企业的要求去工作。企业的价值观与企业精神发挥着无形的导向功能，让员工自觉地遵从，从而把企业与个人的意愿和远景统一起来。企业文化所形成的文化氛围和价值导向是一种精神激励，能够调动与激发员工积极性、主动性和创造性，把人的潜在能量诱发出来。当认同企业文化的员工得到升职和褒奖，不认同企业文化的员工被淘汰出局时，员工就会主动学习并传播企业文化，使文化在企业自发传承下去，成为全体员工的共同准则和行为规范。

俄国著名作家列夫·托尔斯泰有句名言：“幸福的家庭大都是相似的，而不幸的家庭各有各的不幸。”同样，我们可以说，优秀的企业文化大都是相似的，比如，贴近市场、崇尚行动、以人为本、凝聚人心，等等。但是，失速企业的文化各有各的不同。兰德公司的研究结果显示，世界500强企业文化与普通公司文化的明显不同在于下列4个方面：一是团队协作精神；二是以客户为中心；三是平等对待员工；四是激励与创新。《追求卓越》（*In Search of Excellence*）

作者托马斯·彼得斯（Thomas J. Peters）和罗伯特·沃特曼（Robert H. Waterman, Jr.）研究发现，成功企业的企业文化具有八大属性，具体内容如表15所示。

表15 成功企业文化的八大属性

属性	内容
崇尚行动	不断尝试，勇于行动，倡导科学实验精神
贴近客户	倾听客户需求，不断从客户身上学习，为客户提供最优质的产品和服务
自主创新	激发员工的创造力，鼓励和呵护创新行为，倡导合理的犯错误次数
以人为本	尊重和关心每一位员工，强化其自信和渴望成就的心理，从而极大释放生产力
价值驱动	让员工认同企业价值观，为高于利润的价值目标而努力，保持企业永久的活力
不离本行	不轻易进入不熟悉的行业、盲目多元化，依靠自身的优势获得市场成功
精兵简政	保持机构灵活有效，简单明了
宽严并济	善于把握集分权的尺度，充分发挥员工主观能动性的同时，保持企业的统一

《基业长青》（*Built to Last*：*Successful Habits of Visionary Companies*）作者吉姆·柯林斯（James C. Collins）和杰里·波拉斯（Jerry I. Porras）选取了18家高瞻远瞩的公司，研究其长盛不衰、卓越不凡的成功经验；同时选取了18家对照公司进行对比研究，结果显示：在1926—1990年，高瞻远瞩公司的投资回报是6356倍，对照公司的投资回报是955倍。高瞻

远瞩公司的长期投资回报是对照公司的6.5倍之多。这些经历了几十年甚至上百年依然保持竞争力的高瞻远瞩公司，都具有如下共同的文化特征（如表16所示）。

表16 高瞻远瞩公司的共同文化特征

文化特征	内涵
造钟而非报时	领导人应该致力于建立组织，而非使公司依赖于领导个人魅力而存在
利润之上的追求	公司不断进步的原因在于超越利润的价值目标，坚守这些价值信念，利润自然就来
保存核心，刺激进步	固守核心价值的内涵，但随时准备改变和演变其表象
胆大包天的目标	激动人心的目标往往光芒四射，它能够激发所有人的能量并使之凝结在一起
宗教般的文化	只有真心认同企业理念，且行为与企业规范要求严格一致的人才能留在企业内
择强汰弱的进化	不断尝试，创造机遇，保留有效部分，迅速放弃无效的东西，以更好地适应环境
内部提拔	用企业内部培养起来的经理人，保持核心理念的一致性
永远不够好	自我要求极其严格，永不满足，不断完善，拒绝任何自满，明天要比今天更好
执行	理念宣言只是一个起点，必须保持不断地将理念转化成公司的一切行为

所有优秀的企业文化都不是“与生俱来”的，也不可能是“水到渠成”，一定是有人在深刻地影响着它的形成和发展。这个人通常是企业的创始人或最高管理者。从这个角

度来说，企业文化就是创始人或最高管理者的文化。业已形成的优秀的企业文化不可能一成不变，企业的产品在变，管理方式在变，竞争对手、行业及社会环境也在变，企业文化自然也会随之而变。随着企业规模越来越大，员工越来越多样化，管理越来越复杂化，企业文化会发生异化。比如，规范的制度和流程是优秀的企业文化的重要体现，然而，企业总有一些管理者在面对制度和流程没有涵盖到的工作时，会以没有规定为由不予办理。这种行为表面上看是“坚持原则”，实际上是管理上的“不作为”。优秀的制度文化在他们那里已开始向“与自己相对立，并成为支配自己的东西”异化。很多企业由盛到衰，直到最后走向破产，从文化层面来看，就是企业文化异化的结果。

社会环境及其文化同样深刻影响着企业文化的发展方向，并对企业文化异化起到催化剂的作用。因此，企业文化发生变异甚至病变是常态，并非只有失速企业才会有。许多高速成长的企业也会出现文化病变现象。企业要想始终保持文化的先进性，就需要经常对文化进行自我审查。一旦发现文化发生了病变，就需要着手进行文化变革，祛除不良文化及其土壤，确保文化与企业战略目标相匹配。世界知名企业华为是高速成长企业出现文化病变后，成功实施文化变革的典型案例。

据媒体公开报道，2017年，华为召开干部工作作风宣誓大会，包括公司董事长、副董事长、常务董事以及监事会主席等全体董事会、监事会成员在内，共同宣誓“干部八条”。这是华为首次针对干部队伍进行的一次“整风运动”。华为“整风运动”主要针对当时日益严重的官僚作风、教条主义、流程僵化、效率低下、腐败惰怠等问题。

华为当时的文化问题主要表现为：员工不是以客户为中心，而是以领导为中心。上级说要减少会议，于是，有用没用的会议都不让开了。领导说转测试3次不通过，开发代表就要下岗，然后，就再也没有转测试不通过的情形。凡是领导说的都是正确的，凡是领导支持的，大家都需要无条件支持。无人愿意去忤逆领导的意愿，上下一片“祥和”气氛，敢于直言的员工更是寥若晨星。员工在汇报材料或宣讲时，张口闭口不是IBM如何，就是爱立信如何。只要是国外的就是优秀的，只要是书上的就是正确的。如此现象不仅表明华为员工过分迷信国外企业，对自己公司缺乏自信；而且也说明华为员工对自己公司不了解，只会生搬硬套国外的东西。

另外，华为内部工作协调困难，不少部门主管只提倡部门内部相互协作，当需要协助别的部门工作时，就开始推三阻四，整个公司都在做“布朗运动”——毫无规则的运动。一旦公司产品出现问题，部门间就会相互推卸责任，最后发现谁都没有责任。部分管理者只注重短期的工作效果，注重人的短期业绩，而不注重员工长期的能力培养。管理者没有树立“以员工为本”的管理思想，未能将企业的发展与员工发展统一起来，“把员工当机器管理，当敌人对待”。

还有，华为内部流程僵化、效率低下，对市场的响应速度慢，客户需求往往需要等待很长时间才能得到解决。随着华为发展越来越好，员工开始盲目自信，夜郎自大与“阿Q精神”在干部中滋生。管理干部不去寻找华为成功的真正原因，辨析华为真正的竞争力，而是躺在历史的功劳簿上跟着感觉走，所有这些问题已经影响了华为的发展。

腐败同样是当时的华为面临的一大问题。2014年，华为通告内部有116名员工涉嫌腐败，涉及69家经销商。其中，有4名员工已被移交司法处理。2017年，华为发布6份“内部反腐快报”，通报6名前华为员工因涉嫌侵犯知识产权，被检察机关依法批准逮捕。任正非曾经严词指出：在华为的前进过程中，能够阻止华为发展的就是内部腐败，公司必须保持干部队伍的廉洁自律。高层选拔管理者，一旦有人利用职权谋取私利，就说明公司的干部制度和管理出现了严重问题。如果只是就事论事，不从制度和文化上寻找根源，那么，华为距离死亡就不远了。任正非同时强调，华为不能因为腐败而不发展，也不能因为发展而宽容腐败。华为要从根本上彻底解决内部腐败和工作作风问题。

为了防止高层管理团队腐败、惰怠，早在2005年，华为就制定了《EMT自律宣言》，要求高层干部严于律己、率先垂范、自我批评、充满激情、奋斗精神、不能腐败。华为经营管理团队（Executive Management Team，简称“EMT”）通过民主生活会的形式自查、自纠，每年举办一次宣誓大会。首先，EMT成员要对照《EMT自律宣言》郑重承诺；然后，EMT成员要对照宣言上的要求一条一条过关。比如，个人与公司有没有关联交易？管理者有没有任人唯亲？有没有腐败行为？EMT成员如果坦诚自己过去的问题，并真诚改正错误，就能继续得到公司重用；如果隐瞒过错，一旦被查出来或审计出来，就会被一票否决，不再任用。高层干部的自查、自纠结果还会公布出来，接受全体员工的监督。华为把高层干部的权力关在笼子里，放在阳光下运作。2010年以后，这个制度被固定下来，不仅对于高层干部，而且中基层团队也要实行《EMT自律宣言》。华为《EMT自律宣言》包括以下3个方面。

第一，高层干部的合法收入只能来自华为的分红及薪酬，除此之外，不得以下述方式获得其他收入：①绝不利用公司赋予的职权去影响和干预公司的各项业务，并从中谋取私利（包括但不限于采购、销售、合作、外包等）；不以任何形式损害公司利益。②不在外开设公司或参股别的公司，包括兼职；亲属开设的公司和参股的公司不得与华为进行任何形式的关联交易。③高层干部可以帮助自己愿意帮助的人，但只能用自己口袋中的钱，不能用手中的权，公私要分明。

第二，高层管理团队要正直无私，用人要五湖四海，不能拉帮结派。高层干部不得在自己管辖范围内形成不良作风。

第三，高层干部要有自我约束能力，通过自查、自纠，自我批评，“每日三省吾身”，建立干部队伍的自洁机制。

华为“干部八条”

第一，我绝不搞迎来送往，不给上级送礼，不当面赞扬上级，把精力放在为客户服务上。

第二，我绝不动用公司资源，也不能占用工作时间，为上级或其家属办私事。遇非办不可的特殊情况，应申报并由受益人支付相关费用。

第三，我绝不说假话，不捂盖子，不评价不了解的情况，不传播不实之词，有意见直接与当事人沟通或报告上级，更不能侵犯他人隐私。

第四，我们认真阅读文件、理解指令。主管的责任是胜利，不是简单的服从。主管尽职尽责的标准是通过激发部属的积极性、主动性、创造性去获取胜利。

第五，我们反对官僚主义，反对不作为，反对发牢骚讲怪话。对矛盾不回避，对困难不躲闪，积极探索，努力作为，勇于担当。

第六，我们反对文山会海，反对繁文缛节。学会复杂问题简单化，六百字以内说清一个重大问题。

第七，我绝不偷窃，绝不私费公报，绝不贪污受贿，绝不造假，我们也绝不允许我们当中任何人这样做，要爱护自身人格。

第八，我们绝不允许跟人、站队的不良行为在华为形成风气。个人应通过努力工作、创造价值去争取机会。

任正非认为，自律永远是企业最低成本的管理。任正非要求华为各级干部应当把践行“干部八条”作为终生的座右铭，让“促进自律，完善他律”形成一个良好的“内部场”。制度不可能完善到无懈可击，流程只有与认真遵守的人相配合才会取得较大的价值和贡献。如果流程过于复杂，沉重的内部体系运转不动，其实是管理的高成本。客户不可能为企业的高成本买单，那么，华为可能只会以失败告终。

在任正非看来，华为“胜则举杯相庆，败则拼死相救”的共同奋斗文化正在淡化，华为正处于踌躇满志的历史阶段，如果不能正确对待，就有可能面临崩溃的危险。如今的华为早已成为享誉世界的高科技企业，受到中国乃至世界企业的看重，这一切与华为重视文化建设密不可分。

文化深深根植于企业的发展历史之中，一旦形成就很难移植或改变。文化的问题不在于造成多少意见的不统一，而在于造成太多的“理解错误”。一旦“理解错误”被发现，行为也可能已经发生并产生了伤害。企业文化是重启增长引擎的“软件”，对失速企业的发展起到非常重要的作用。正如稻盛和夫所说：企业一旦凝聚了人心，就能发挥出强大的力量，这是其他任何东西都难以替代的。企业每个员工都会为了公司的发展竭尽全力，经营者也会不负众望地拼命工作。员工彼此之间相互信任，不贪图私利私欲，大家都以在公司工作为荣，盼望公司发展壮大。整个公司就像一个家庭一样，或者说大家都像共同经营的伙伴一样，具有共同的目标，一起鼓起热情，相互帮助，共同前进。这些就是稻盛和夫极力倡导并推行的以“人心为本”的管理思想。

二、失速企业的文化变革

企业管理中的所有问题，最终都能在文化上找到原因。失速企业一定有导致其失速的文化，就如同疾病一定有其病因一样。让一个失速企业在原有市场上实现恢复性增长，要比开拓一个新市场还要难得多。如果失速企业没有一个强大的文化引领，重启增长引擎几乎不可能完成。文化重塑的成功有赖于经营业绩的增长，通过业绩增长树立新文化的自信，这是文化重塑能否成功的关键。没有业绩的背书、没有关键问题的解决，企业任何崇高的愿景和价值观都难以在文化重塑中形成共识。无论是通用、日航、IBM，还是科龙、美菱、TCL，这些曾经的失速企业在重启增长引擎时，都极其重视文化的作用。失速企业的文化重塑，就是摒弃导致企业失速的不良文化，重新确立新的文化观和行为准则，用新文化统一思想、凝聚共识，提升执行力，最终实现企业的良性发展。

1 科龙的“整风运动”

2001年，科龙电器因为严重失速而被格林柯尔公司并购。并购失败率一直居高不下，麦肯锡咨询公司对1972—1983年英美两国较大工业企业的116个并购案进行分析，得出的结论是：23%的并购获得盈利，失败的并购占61%，另有16%成败未定。AT Kearney咨询公司的研究报告显示：四分之三的并购案以失败告终。上海证券交易所的《上市公司》课题组，考察沪市上市公司1997年118个并购重组案，与上一年度进行比较后发现：三分之二以上的并购重组案当年的经营业绩指标（包括每股收益及净资产收益率）明显下降，业绩上升的不足三分之一。据统计，1993—2002年中国A股上市公司的并购重组案总计有1216个，成功的比例不超过20%。为什么中外企业的并购成功率都不高？究其原因，并购后的管理整合不力是导致并购失败的主要因素。其中，由于文化融合不当而产生的企业管理失败占所有并购失败案的三分之一。AT Kearney咨询公司研究认为：缺乏对文化差异的理解和管理是并购失败的主要原因。中国学者郑海航、吴冬梅等研究认为，与管理、人际关系、企业文化冲突相关的问题占到并购失败案总数的33%。由此可见，文化的差异和冲突是企业并购失败的主要原因。格林柯尔创始人顾雏军深知其中的道理。

既然文化对于并购企业来说如此重要，为什么没有引起并购者的重视？这是因为在并购者的眼里，企业文化远没有经营业绩那么真实和重要，他们宁愿把更多的时间放在产品开发、降低成本、市场营销等方面，也不愿意放在虚无缥缈的文化上。他们认为企业文化的提升不能直接获得像增加销量、降低成本那样的成就感。文化是长远的、潜意识的；而利润、销售额的增长则是更加直观、更加迫切、更加实在的。尤其是亏损企业需要尽快扭亏为盈，以便并购者向员工和社会证明并购是正确的。即便因为文化冲突而导致并购失败，通常也会把它归结为经营管理操作失误等客观原因。人们常常低估了与某个有不同观点的人进行沟通和互动的难度，事实上，观念的调整速度远比人们预期的要慢得多。难怪靠并购成长起来的美国科技巨头思科（Cisco）发出警言：如果文化不相容，宁愿不并购。思科在20多年时间并购150多家企业，始终视文化为并购的决定性因素。

一般来说，企业被并购后，企业的主体会发生改变，这种改变在员工心目中就等同于原有企业已经消失。虽然企业的品牌、设备，甚至大多数员工都还在。在被并购企业的新文化尚未得到员工普遍认可之前，旧文化的迷失和新文化的缺失使得被并购企业文化处于真空状态，出现所谓的“文化迷失现象。”这个时候，被并购企业中的不负责任和自私自利行为就会逐步显露出来。即便有人做出与企业文化相违背的事情，也不会有人出面制止，甚至还会有人在背地里有样学样，这种行为很快会蔓延开来。此时，被并购企业就像一个失去灵魂的人一样，不要说收入和利润的增长，就连正常工作都难以有效开展，整个企业弥漫着末日来临般的死寂，毫无生气可言。被格林柯尔并购后的科龙也不例外。

并购后，两种不同企业文化之间的冲突在所难免。科龙文化是“仁爱的国王型文化”，这种文化本质上是一种类似族长式的文化，它强调领导的意志，科龙创业团队的核心人物潘宁被员工当成国王看待，但公司同时也重视员工的参与。在这种文化中，公司的所有决策都是为了企业和员工的利益。领导的决策具有人性化，执行者也不是盲目执行。科龙这种文化与格林柯尔的集权文化形成了鲜明对比。另外，格林柯尔作为并购者的优越感，以及来自科龙尽快扭亏为盈的巨大压力，加剧了两种不同文化间的对立情绪，从而引起科龙员工的不满和士气低落。文化冲突导致人际关系紧张、管理失效、沟通中断、人员流失，威胁到企业的正常生产经营，使得科龙的经营业绩雪上加霜。

由于对格林柯尔公司的价值观、管理方式、人才理念、企业家行为等缺乏了解，并购给科龙员工带来了不确定性与恐慌感。不确定性加重了员工对格林柯尔公司的信任危机，员工对即将到来的变革产生的有意无意的抵制以及消极应付等，导致企业组织功能紊乱，员工流失率增加、工作满意度下降、对企业的投入程度降低等一系列问题。广泛出现的负面情绪使得每一位员工都感到不同程度的郁闷和不舒服，不确定性使员工失去方向感和奋斗目标，对自己的未来发展感到彷徨。心理素质不好的员工会因此感到痛苦和压抑，能力强的员工开始寻找新的工作机会，猎头公司也开始在科龙寻觅人才。离职员工并不是因为选择了更好的企业或待遇，而是选择逃避这种不确定性带来的痛苦煎熬。一旦有人辞职，恐慌心理就会产生连锁反应并迅速蔓延。员工上班的大部分时间都在讨论科龙的各种负面消息，而不是努力工作。科龙业绩每况愈下，前途渺茫。

当时，科龙内部腐败问题也很严重。在营销系统，分公司营销人员虚报促销费用、差旅费用、进场费用、广告费用、仓储费用等现象十分普遍，导致公司营销费用居高不下。一些分公司经理将自己的亲戚朋友发展成为科龙的代理商，因而冲击了原有的销售渠道，令产品价格混乱，引发市场的不公平竞争，最终影响科龙的产品销售。在生产制造系统，供应商与科龙内部有着千丝万缕的联系。产品开发、物资采购、质量管理等部门，各自“靠山吃山，靠水吃水”。任何一个可以控制供应商的部门，都可以利用手中的权力为个人和部门谋取不当利益，从而直接导致采购成本上升。根据后来采购部门的确认，科龙原材料的平均采购成本比市场上最低价格要高出25%，仅此一项每年给科龙增加4亿元的采购成本，约占科龙当年营业收入的10%。在当时家电企业平均销售净利润率不足10%的情形下，采购成本虚高带来的

10%的销售成本增加，其实本应是科龙的利润。高企不下的成本和费用最终要转化到产品价格中，使得科龙产品的价格失去市场竞争力。要知道，“价格战”是当时中国家电企业主要的竞争手段，失去价格竞争力的科龙在市场上节节败退，亏损越发严重。

2002年，顾雏军决定在科龙开展一场“整风运动”，其目的是祛除阻碍科龙发展的不良文化，统一思想，正本清源，开启未来。“整风运动”首先在营销公司拉开序幕，全国各地的分公司经理被悉数召回总部，营销总监、销售部长全部参加整风会议，会议由顾雏军亲自主持。整风会议要求，每个分公司经理都要深刻反思自己过去工作中的问题和不足，并对以后如何自我改进进行表态。整风会上只准讲问题和不足，不准讲优点和成绩。每个人自我反思之后，营销公司的相关领导还要进行点评，指出反思者反思不到位的地方，帮助提高认识高度、改正不良心态、矫正错误行为。如果自己主动坦白问题和错误，公司可以既往不咎；如果自己不讲，被别人揭发出来，公司就要严肃处理；如果反思者避重就轻，不愿意深刻反思和检讨自己，整风就不能过关。营销公司的“整风运动”持续2个多月才结束，在整风中未能过关的分公司经理及售后中心主任，纷纷主动或被动辞职。

继营销系统整风之后，科龙的生产系统、技术系统、采购系统、集团职能部门以及众多的子公司等也都紧随其后，一场声势浩大的“整风运动”在科龙全面铺开。为了让“整风运动”更加有效，人力资源部对科龙旧文化进行审查，对影响科龙发展的不良文化现象进行总结、归纳，确立了“新科龙人道德行为‘七反’”，要求员工逐一对照、自我检查。至于整风过关人员，还要对着“整风誓词”进行集体宣誓。人力资源部将“新科龙人道德行为‘七反’”和“整风誓词”做成卡片，个人签名后放在自己的办公桌上，以便时时提醒自己不忘誓言和初心。与此同时，格林柯尔公司对于不能适应科龙发展、不认同科龙新文化的员工进行优化，而将认同新文化、有能力的年轻人提拔到领导岗位上。像营销、财务、采购、人力资源这类关键部门的主要领导，几乎全部换成了格林格尔公司的人。通过对关键岗位人员优化，确保新文化能够得到认真贯彻、执行。据统计，在营销公司售后中心主任的“整风运动”中，全国50多位售后中心主任被迫或主动离职者高达15人，接近全部人员30%。科龙“整风运动”持续了3年多时间，经过历次的“整风运动”，科龙干部员工的精神风貌焕然一新，企业也焕发出勃勃生机。

新科龙人道德行为“七反”

一、反对官僚作风

不深入基层，不调查研究，瞎指挥，乱下文；

文件审核走过场，闭着眼睛乱签字；

对待员工爱理不理，态度恶劣；

处理问题简单武断，相互推诿。

二、反对暗箱操作

选人不严格执行公司用人制度，而是徇私情、拉关系；

对待员工不能公平公正，赏罚不明，亲者密，远者疏；

员工问题处理不能一视同仁，凭关系办事；

做事不守规章，以个人意志行事，不顾及公司利益。

三、反对损公肥私

视企业为捞取个人资本的跳板；

借工作之便谋取个人利益，利用权钱交易谋取灰色收入；

不能坚持企业利益高于一切，有空就钻，有利就占；

对他人损公肥私的行为不制止、不检举。

四、反对懒散应付

上班时间迟到早退，中途溜号办私事；

工作没有主动性，消极等待，一味等待上级指示；

不思进取，缺乏坚毅不拔的精神，做一天和尚撞一天钟；

工作敷衍塞责，浮夸马虎；不精益求精，不追求完美。

五、反对自由主义

有令不行，有禁不止，我行我素；

当面不讲，背后乱讲；偏听偏信，肆意传播；

上有政策，下有对策，对公司决策不能有效执行；

凡事不从企业利益出发，工作讲条件，缺乏团队精神。

六、反对离心离德

拉帮结派、结党营私、打击异己；

肆意泄露公司机密，任意诋毁公司形象；

对损害企业的谣言听之任之，事不关己，高高挂起；

对公司存在的问题不积极想办法改进，而是熟视无睹。

七、反对人才“亚健康”

专业知识不求甚解，满足于一知半解；

对本职工作没有思路，上级说什么就做什么；

只注重工作表现，不注重工作实效；

自认为经验丰富，待人处事傲慢无礼，目空一切。

科龙整风誓词

我承诺：

一、忠于科龙，忠于股东，以身为科龙人而感到无上自豪和光荣。

二、视公司利益为最高利益，绝不浪费公司一分钱。

三、在履行职责的过程中，绝不“吃、拿、玩、洗、占”。（即不吃合作伙伴一顿饭；不拿合作伙伴一分钱、一份礼；不接受合作伙伴旅游玩乐邀请；不接受合作伙伴桑拿洗浴安排；不占合作伙伴一分钱便宜）

四、以坚忍不拔之精神、无私无畏地投入工作中，带领团队奋力拼搏，为科龙的二次腾飞尽自己的最大努力！

科龙“整风运动”统一了思想，达成了共识，树立了正气、打击了歪风邪气。此后，科龙有了更加明确的价值观和行为准则，员工们知道：哪些事情可以做，哪些事情不可以做；哪些事是公司鼓励的，哪些事是公司坚决反对的，做了会产生什么后果？科龙重新确立了是非观、价值观、荣辱观、道德观，也培育了员工的责任心和自信心。科龙“整风运动”与其说是整顿工作作风，倒不如说是普及基本的企业伦理。科龙“整风运动”既是对企业文化的重塑，又是对不适应企业文化的员工的优化，为失速的科龙提供了新的动力。年报数据显示，科龙营业收入由2002年的48.8亿元增长到2004年的84.4亿元，年均复合增长率高达31.1%。这是科龙自2001年失速之后增长最快的两年。

2 TCL的“文化变革”

自2002年开始，TCL先后收购了德国施耐德公司、法国汤姆逊公司的彩电业务以及法国阿尔卡特公司的手机业务。TCL跨国并购不仅没有带来预期的经济收益，反而使自己深陷亏损泥淖。2005年、2006年，TCL 分别亏损3.2亿元、19.3亿元。2007年，TCL汤姆逊电子有限公司申请破产清算，A股股票戴上了“*ST”帽子，TCL股票大跌。许多创业元老主动或被动“下课”或出走，曾经的“明星企业”一下子折戟，在风雨中飘摇。李东生后来回忆道：“我经历了一生中最难过的日子，做了十多年企业一直是盈利，突然间就亏损了。跨国收购后，原来预计18个月扭亏也没有实现，面对员工、投资人、同行、政府，我感到很是内疚、惭愧，自己的情绪甚至一度有点失控。”

李东生认为，从2003年开始，跨国并购客观上分散了TCL的精力和资源。并购重组过程中的谈判、筹建过程的复杂和艰难，以及后续运营中产生的许多意想不到的问题和困难，使TCL无暇顾及企业文化的变革和创新。由于企业管理观念、文化意识和行为习惯长期存在的问题没能得到及时解决，一些伤害企业利益和违反企业价值观的人和事在企业大行其道，令企业愿景和价值观更加混乱。许多员工的激情受到挫伤，利益受到伤害，已经严重影响员工对企业的信心以及企业的发展，而这些问题又对国际化发展造成直接影响。事情已经到了不能容忍的地步。跨国并购就像一根导火索，让TCL过去积累的很多问题在短时间内暴露出来。李东生十分清楚认识到，“这些问题大多不是国际化带来的，而是一直存在于TCL的内部”。

来自市场、股东、合作伙伴、团队成员的质疑声不断，重压之下的李东生在公司内部论坛上引用《美国国家地理》所讲述的一个故事，以《鹰的重生》为题，借用老鹰在40岁时通过脱喙、断趾、拔羽而重获新生的故事，向公司上下做自我反省，表达勇敢面对危机，坚定文化变革与推进国际化战略的决心。

李东生在《鹰的重生》一文中，对TCL当时的问题做过深刻反思：“没有坚决制止一些主管在一个小团体里面形成和推行与集团愿景、价值观不一致的自己的价值观和行为标准，从而在企业内部形成诸侯文化的习气长期不能克服，形成许多盘根错节的小山头和利益集团。许多没有参与这种小团体和活动的员工，往往受到损害或失去发展机会。对一些没有能力承担责任的干部过分碍于情面，继续让他们身居高位。其实，这种情况不但有碍于企业的发展，影响公司的经营，也影响了一大批有能力的新人的成长。久而久之，使公司内部风气变坏，员工激情减退，信心丧失，一些满怀激情的员工报效无门，许多员工也因此离开了公司。回想这些，我感到无比痛心和负疚。”

彼时的李东生对自己进行了深刻的反省：“为什么我们对很多问题其实都已经意识到了，但却没有勇气去面对和改变……回顾这些，我深感到我本人应该为此承担主要责任。我没有在推进企业战略和文化变革中作出正确的判断和承担应有的角色，我没有勇气去完全揭开内部存在的问题，特别是这些问题与公司高管和一些关键岗位主管、小团队的利益搅在一起的时候，我没有勇气去捅破它……对此，我深感失职与内疚。”正是从那时起，TCL开始新一轮组织与文化变革，用“重生”的勇气和胆识重启增长引擎。

其实，李东生是一位非常重视企业文化的企业家。大约在1997年，李东生就发起了TCL历史上的第一次“文化变革”。按照李东生当时的想法，以后“每3到5年就搞一次”。然而，2002年之后TCL开展的企业文化建设，大多只停留在表面上。2006年，李东生希望通过推进企业文化的变革创新，真正祛除TCL内部一切阻碍企业发展的行为和思想。TCL这一场文化变革包括以下3个方面。

其一，梳理TCL愿景和核心价值观。李东生将TCL的愿景定位为“成为受人尊重和最具创新能力的全球领先企业”。TCL组织召开“文化变革创新动员会”和“TCL集团文化变革创新誓师大会”，以及一系列以“鹰的重生”为主题的文化活动。同时，TCL还成立了文化变革创新推进小组，李东生亲自任组长。李东生号召TCL全体员工，团结一心应对当下危机，共同推动组织、流程和文化变革。李东生说：“为了企业的生存，为了实现我们的发展目标，我们必须经历这场历练！像鹰的蜕变一样，重新开启我们企业的生命周期。”

其二，沟通企业愿景，凝聚大家共识。2006年，TCL组织150位中高层管理人员去延安，进行了一次持续四天三夜的高强度拓展训练，每人每天平均只能睡三四个小时。大家需要徒步到南泥湾，最后到延安宝塔山上誓师、宣誓。众所周知，历时三年多的延安整风运动，为中国共产党取得新民主主义革命和社会主义建设的伟大胜利奠定了坚实的思想基础。它使全党提高了认识，统一了思想，增强了团结，焕发了干劲，加强了党的执政能力、先进性和纯洁性。不言而喻，李东生希望通过学习延安精神，统一企业中高层管理人员的思想，唤起他们的斗志和激情，重启TCL的增长引擎。

其三，实施人才战略。TCL在推动文化变革的同时，还启动了人才战略，制定了为期一年的“精鹰工程”培养计划。为了体现“赢在中层”的管理理念，落实“关注中层、打造高效能中层队伍”的人才策略，TCL人力资源管理中心经过认真考察，最后确定了被列入培养计划的100名中层管理者。对于海外基地，除了引入职业经理人，TCL还从参与海外公司收购、整合、运营和管理的人才中，挑选出一些优秀人才去海外商学院深造，全方位打造TCL的人才培养体系，为TCL发展奠定人才基础。

文化变革对TCL的经营业绩和发展产生了重大影响。2007年，TCL实现盈利，并顺利摘掉了“*ST”帽子。从此之后，TCL进入了发展的快车道。如今的TCL已成为从半导体显示材料、面板、模组到品牌整机，再到内容垂直一体化的全产业链企业，形成智能终端、半导体显示、半导体光伏及半导体材料三大核心产业，拥有全球化产业链和供应链的完整布局，成为具有全球竞争力的科技产业集团。

3 IBM的“八大原则”

路易斯·郭士纳（Louis Gerstner）让连续3年累计亏损150亿美元的IBM起死回生，同样是从文化入手重启增长引擎。在郭士纳上任之前，IBM因为机构臃肿和孤立封闭的企业文化变得步履蹒跚，正面临着被拆分的风险。郭士纳上任伊始便深刻地意识到，阻碍IBM发展的根源是现有的企业文化。他说：改革数十万员工的思想态度和行为模式是一场非常、非常难以完成的任务……但是必须承担这场文化变革的任务。

郭士纳任职5个月后便亲自起草“八大原则”，其内容简述为：第一，市场是公司一切行为的原动力；第二，IBM是一家追求高品质的科技公司；第三，客户满意和实现股东价值是公司最重要的成功标准；第四，做具有创新精神的公司，尽量减少官僚气息并永远关注生产力；第五，公司绝不要忽视战略性远景规划；第六，思想和行动要有一种紧迫感；第七，拥有杰出的具有献身精神、且彼此团结的员工，是企业无所不能的前提；第八，关注所有员工的需要，以及公司业务得以开展的所有社区的需要。确定“八大原则”是IBM文化变革的起点。

不难看出，“八大原则”所涉及的内容涵盖企业愿景和使命、企业价值观、企业精神等，其实就是IBM新的企业文化。公布“八大原则”后，郭士纳把提升和奖励拥护新文化的高层经理当作最重要的任务来完成。他一方面要求高层经理加强学习以提高自身的领导力；另一方面，他重组了IBM

原有的组织机构。一批新文化的拥护者成为新机构各个部门的负责人。同时，他打破了干部任职终身制，实行一年一度的优胜劣汰。经过机构改革、领导人遴选，IBM开始拥有了一个个高效的领导团队，为企业文化的变革奠定了基础，各个部门的新领导人也成了IBM文化变革的推进器。

与此同时，郭士纳实行“热烈拥抱”计划，转变公司经营观念。在IBM文化变革之前，客户会议一直是IBM的例会，但郭士纳还嫌不够，他为了推进客户导向文化，隆重推出了“热烈拥抱”计划。郭士纳要求各级经理要在3个月内，至少拜访5个大客户或者更多，而且还要亲自去聆听客户的问题，强调从外至内建设企业文化。郭士纳认为，管理并不是让管理者去改变文化，而是去邀请员工自己来改变文化。为此，郭士纳频繁地与员工沟通，他还通过电子邮件与员工进行广泛的交流。在写给员工和管理人员的几百封信中，郭士纳不断地强调企业的危机意识，告诉员工公司新的战略、新的文化是终止IBM危机的根本举措。

郭士纳还从推进“绩效工资制度”入手，重建了激励机制，为文化变革搭建一个有力的制度平台。郭士纳废除了过去的福利制度，在全公司实行与绩效挂钩的浮动工资制、认购公司股票和期权计划，以及建立在绩效基础上的加薪计划。通过工资制度改革，IBM把平均分配变成了有差别的分配，把固定奖金变成了浮动奖金，把内部标杆变成了外部标杆，把津贴变成了绩效。由此形成和强化了市场导向的考核，绩效导向的分配以及团队合作的氛围。

在这次文化变革中，郭士纳把IBM新文化简化为“力争取胜、快速执行和团队精神”，并通过多种方式在全公司传播，最终演化成新的绩效考核系统。IBM新文化作为年度考核的重要内容，所有员工每年都要围绕着这三个方面制定“个人业务承诺”，并列举出在来年中为此采取的行动。“个人业务承诺”计划成为企业强制执行的计划，与此相应的绩效成为员工的考绩工资和浮动奖金的关键性决定因素。

IBM盛极而衰，固然有其多方面的原因。但是，文化迷失和病变是其中最根本的因素。郭士纳通过“八大原则”对IBM应该做什么？应该遵循什么价值观？员工应该怎么做等进行重新定义，确立了IBM新的企业文化。在郭士纳掌舵IBM的9年间，公司持续盈利，股价上涨了10倍。郭士纳重塑了这个失速的“蓝色巨人”，成功地让“大象也能跳舞”。显然，“八大原则”是成功的关键。

综上所述，中外失速企业的文化重塑具有许多共性，首先对失速企业文化进行诊断，然后确定新的文化观和行为准则，并要求员工自觉遵守执行。同时，对失速企业的管理制度、业务流程以及中高层管理人员进行变革和优化，为新文化落地创造良好的制度环境和组织氛围。唯一不同的是，科龙、华为在进行企业文化重塑时，都不约而同地开展了批评与自我批评。批评与自我批评作为文化导入的一种方式，要求员工必须敞开心扉，毫无保留地对企业坦诚自己的缺点和错误，无论是来自别人的批评和帮助，还是来自自我的批评与反省，这种“灵魂深处的拷问和自我净化”，带有浓厚的东方文化色彩。在强调集体主义的东方文化里面，个人是作为社会或集体的一部分而存在，个人要服从组织，或者说集体利益高于个人。如果个人的思想或行为与企业文化的要求不一致，个人必须要服从企业文化的要求。然而，在西方强调个人主义的文化中，社会是独立的个体的集合，个人的自由和权利神圣不可侵犯，任何人不能以任何名义要求员工放弃个人的自由和权利，以满足企业文化的要求，哪怕这个要求是对的，这就是中西方文化的差异。这种差异导致中西方企业在文化导入方式和效果上的截然不同。

三、文化重塑“5C”模型

企业文化重塑是一个长期过程，需要企业最高经营管理层高度重视、文化管理部门系统规划、全体员工积极参与才可以推进，缺一不可。优秀的企业文化是长期培育和不断塑造的结果，企业需要有目的、有计划、有步骤地实施文化重塑活动，并且不断循环往复，才能把企业文化塑造成型。企业文化重塑不仅仅是构建新的文化观与行为准则，更重要的是对不认同企业文化的员工进行优化，把认同新文化的人留下来并委以重任，这是新文化落地的关键。正如东升控股集团董事长赖松谷所说：“多换思想少换人，不换思想就换人。”企业文化重塑需要遵循“5C”模型，具体内容为：审查（censor）失速企业的文化、构建（construct）新的文化观与行为准则、清理（clear-out）不认同新文化的人员、批评（criticize）与自我批评、持续（continue）开展文化重塑活动。

1 审查失速企业的文化

审查失速企业的文化要从使命、愿景和核心价值观开始。使命是企业所要承担的角色和责任，愿景是企业未来的发展方向和战略定位，两者是企业发展的指南针。然而，直接影响员工思想和行为的还是企业的核心价值观，以及精神文化、行为文化和制度文化。核心价值观是企业文化的核心，是企业判断是非的标准，也是企业经营管理过程中必须笃定遵守的最高指导原则。企业精神文化是员工信守的基本信念、意志品质和思想境界。行为文化和制度文化则是集中反映企业的经营作风、员工的职业素养和精神面貌等，直接影响广大员工的积极性和执行力，关系到企业经营业务的开展和经营活动的成效。企业文化审查其实就是对企业旧文化进行诊断，通过员工访谈以及深入一线了解企业现状，为文化变革把脉。如何判断企业文化的好与坏？简单来说，但凡有利于企业发展、适应企业环境的文化就是好文化。反之，就是不好的文化或坏文化。

文化审查要针对企业当前经营管理中存在的问题，充分了解阻碍企业发展的各种行为和现象，剖析这些行为和现象背后的文化因素。掌握这些可以帮助我们理解“企业为什么会这样，而不是那样”的真正原因。文化审查需要抓住重点，要始终围绕企业经营业绩和竞争力来展开，不能“胡子眉毛一把抓”。企业中高层管理人员是文化审查的重点，他们的思想和行为是决定企业文化的关键。我们知道，企业文化是社会文化的子系统，深受社会大环境的影响。社会是一个开放系统，企业也不是孤立地存在，彼此之间相互影响。因此，企业文化审查要有更为广阔的视野，不仅要从企业内部进行审查，还要从供应商、代理商、客户等外部进行审查。外部审查可以有效克服自我认知的盲区，更容易认识企业文化中长期存在的、不容易被察觉的问题。与此同时，企业文化审查还需要研究和借鉴同行业优秀企业的优秀文化，以确保文化变革方向的先进性。找准导致企业失速的文化根源，是企业文化重塑的第一步。

2 构建新的文化观和行为准则

常言道："没有规矩，不成方圆。"失速企业需要重新"定标准、立规矩、画红线"，明确企业新的文化观和行为准则，并向员工郑重表明：企业坚持什么，遵循什么，鼓励什么，反对什么。企业是由员工组成的，每个员工都是独一无二的。如果企业没有统一的价值观和行为准则，每个员工按照自己的意愿和习惯做事。那么，企业一定是"各弹各的琴，各唱各的调"。这样的企业就会变成一盘散沙，无法形成凝聚力和战斗力。构建企业新的文化观和行为准则，是文化重塑关键中的关键。只有广大员工充分认同新文化，并且自觉遵守新文化，才会心往一处想，劲往一处使，员工才有执行力，企业才能攻无不克、战无不胜。所谓"人心齐，泰山移"。缺乏广泛共识、不切实际的企业文化就是"口号式文化"，只能写在纸上、挂在墙上、说在嘴上，但难以落实在行动上。最糟糕的是，企业宣传的"口号式文化"如果与其实际行为背道而驰，不但不能促进企业发展，反而会让员工心生反感，起到适得其反的效果。

新的文化观和行为准则要充分体现以人文本、与时俱进、促进管理的思想，切不可背离时代、目光短浅、唯我独尊、急功近利。以人为本的文化理念，就是倡导平等地对待每一位员工，尊重员工的价值、维护员工的权利、理解员工的需求、重视和关心员工的成功，并把员工的成功看成企业成功的一部分。新的文化观和行为准则要随着社会的发展不断进步，无论主张什么样的文化理念，只有符合社会发展的需要，且代表先进文化的方向，这样的文化才有生命力。新的文化观和行为准则要有利于推动企业发展，以提高企业经济效益和竞争力为目的，任何偏离这个方向的文化变革都是误入歧途。更不可以把文化当作装饰品，为了文化而文化，甚至把文化当成对外宣传的工具，花大钱搞形象工程。企业一旦确立了新的文化观和行为准则，就要大张旗鼓地宣传。企业高层管理人员要身体力行，所有员工要积极参与，上下齐心协力方能将企业文化落地。

3 清理不认同新文化的人员

文化重塑如果不与人员优化结合在一起，就是一场换汤不换药的“游戏”，无法从根本上达到文化重塑的目的。企业不仅要大张旗鼓地宣扬新文化，而且还要旗帜鲜明地对践行新文化的员工委以重任，把拒不接受新文化的人员清理出去。这样，才能够为新文化落地创造一个良好的环境，否则，新文化根本无法落地。对于不认同新文化的员工来说，让他们早点离开企业未必是一件坏事。只有“相看两不厌”，才有可能“终成眷属”，否则，不如早日“一别两宽，各生欢喜”，所谓“道不同，不相为谋”。在科龙、美菱、襄阳轴承的“整风运动”中，但凡不认同企业新文化的员工，大多数都是主动离职。有些企业迫于某种现实需要，让有严重贪腐行为的所谓“能人”继续位居重要岗位。这种“饮鸩止渴”式的用人，到头来都是得不偿失。事实证明，能够给企业带来最大伤害的人，往往都是企业里的“能人”。其实“能人”给企业带来的伤害远不止于此，企业如此用人会让员工对企业新文化产生怀疑，继而影响企业新文化的落地。

触及灵魂深处的文化变革，如果不是脱胎换骨，注定不可能成功。那些固守旧文化不变的人，如果不是冥顽不化，就是既得利益者。尤其是企业内损公肥私的贪腐人员，他们是失速企业文化中最腐朽的部分。即便这些人愿意改邪归正，也必须予以清理。留下来会给员工一个错误信号，表明公司对于贪腐行为是宽容的，甚至是无所谓的。反对新文化的员工之所以抵触新文化，不是因为新文化不好，而是因为新文化与他们的行为格格不入。他们再也无法心安理得地享受过去的既得利益，更担心有一天事件败露导致身败名裂。科龙在2002—2004年“整风”期间，因为不认同新文化而主动或被迫选择离职的员工占员工总数近1%，每年清理贪腐人员的数量占职工总人数约2%～3%，每年涉案金额约为1亿元人民币（具体统计数据如表17所示）。科龙“整风运动”之所以取得了很好的效果，显然与淘汰贪腐人员与不认同新文化人员分不开。

表17　科龙集团“整风”期间立案数量统计（2002—2004年）

年份	企业人数	立案数/次	涉案金额/万元	涉案人数	涉案人员比例/%
2002	6460	89	10208	91	1.41%
2003	6155	66	9480	210	3.41%
2004	6680	50	8416	284	4.25%

【数据来源】彭玉冰：《企业再造——中国企业并购后整合七大策略》，中山大学出版社2006年版。

4　批评与自我批评

常言道：“人无完人。”如果一个人愿意追求完美，那么最有效的办法莫过于克服自己的缺点。人贵有自知之明。一个人能够意识到自己的缺点，并有意识地通过自我批评、自我改进达到自我完善，当然是再好不过的事。但是，要做到这一点很难。如果一个人能够从别人的批评中发现自己的缺点，对于完善自我至关重要。批评是人与人之间的相互砥砺，自我批评则是个人的自我超越。批评是通过思想交锋来分清是非，让人改过向善。自我批评则是自我反省，如果确实是发自内心，无疑是自我超越。一个襟怀坦荡的人，一定是乐于接受别人批评意见的人；一个心底无私的人，一定是勇于敞开心扉自我解剖的人。倘若企业没有严格的制度和流程相配合，管理上依旧漏洞百出，即便开展批评与自我批评，也是没有效果的。华为“整风运动”，科龙“整风运动”都开展了批评与自我批评。事实证明，通过这种方式统一团队思想，比任何其他方式都要来得彻底、纯粹，团队也更有战斗力。批评与自我批评在强调集体主义的东方文化里，是统一思想的有效方法。然而，对于强调个人主义的西方文化来说，统一思想本身可能就是问题。

企业长期存在的不良思想和行为，即便不好也会因为习惯而让人适应。一旦要改变它，所面临的难度会很大，甚至比培育一个新文化还要难很多。优秀的企业文化不难写，难就难在把它写入每个员工的心里，体现在每个员工的日常行为上。让优秀的企业文化深入人心，不能仅靠空洞的说教，也不能完全靠自觉。触及灵魂深处的批评与自我批评，是使人改过自新的重要手段。通过批评与自我批评，转变员工的思想认识，让其愿意并主动接受新文化的洗礼，实现“洗心革面，重新做人”的目的。除此之外，新文化的落地还需要借助于企业文化辅导教材，或者有说服力的企业文化案例，以便于帮助员工加深对新文化的学习和理解。科龙、美菱和襄阳轴承在“整风运动”中，都要求员工学习《自动自发》《把信带给加西亚》等书籍。一本《钢铁是怎样炼成的》影响了中国几代人，一本好的文化重塑“辅导教材”，对于开启员工的心智模式、纠正员工的错误思想和行为、树立正确的文化观和人生观，具有十分重要的意义。

5 持续开展文化重塑活动

企业文化建设是一个长期且持久的过程，需要企业高层的坚定决心和长期投入，同时也需要广大员工的共同努力和鼎力支持。只有这样，企业文化重塑才能产生应有的效果。企业今天面临的困局，其实都是昨天的“问题文化”留下的根。即便通过文化重塑解决了当下企业文化中的问题，但是若干年之后依然会发现，企业文化又会冒出来很多问题。有些问题可能是过去问题的死灰复燃，有些问题则完全是新的问题。如果不立即加以解决，这些“问题文化”就会不断发酵，继而阻碍企业的发展。企业的经营环境日趋复杂、动态和不确定的特征，决定了企业文化的复杂性以及容易复发的特点。优秀的企业文化要历经千锤百炼才能建立起来，就像好的庄稼需要除草、捉虫、施肥和精心培植一样。可是，不良文化不需要任何努力就会复发，就像农民不需要做任何事情，地里就会重新长满杂草一样。因此，企业文化重塑要有长期打算，不可能一劳永逸。难怪李东生曾经要求，TCL的文化变革“每隔3到5年再来一次”。

在企业文化重塑中，物质文化、制度文化是表象和简单的，改造起来比较容易。核心价值观、行为文化和精神文化是深层次和复杂的，改造起来就不是那么简单了。行为文化是精神文化的外在表现，决定行为文化能否得到有效落实的关键在于精神文化是否深入人心。精神文化是一种意识形态，具有较强的历史延续性和变化的迟缓性，改造起来需要一个相对长的时间。此外，对员工精神境界、思想观念、行为方式的塑造，也是一个非常艰难的过程。企业要有计划、有步骤、有重点、有目标地开展文化重塑活动，逐步深入以达到理想状态。切不可提出不切实际的目标，盲目激进，“欲速则不达”。被誉为“企业文化理论之父”的埃德加·沙因（Edgar H. Schein）教授提醒道：如果方法得当，一次成功的文化变革一般需要5年到15年时间。杰克·韦尔奇在通用电气实施文化变革历时12年；路易斯·郭士纳花费5年时间才在IBM建立起新的企业文化，让“大象”跳起舞来。由此可见，企业文化重塑是一项长期工程，只要企业在，这项工作就永远不会停止。

第六章

创新创业

创新是创造新产品或改进现有产品以满足消费者或客户当前和未来需求的过程，是企业追求卓越、不断提升市场竞争力的重要手段。创业是将一系列独特的资源集中在一起以发掘或利用机会的过程，是企业启动新的增长引擎，实现可持续发展的有效途径。尤其当原有业务增长乏力时，企业需要通过创建新产业以开辟第二增长曲线。市场需求总是有限的，但企业生产能力却是无限的。市场竞争必然导致产品盈利能力下降、企业增长乏力等问题，企业需要为即将到来的微利时代做好准备。

如果说业务聚焦、组织转型、执行力打造和文化重塑已经不能促进企业的持续增长，那么，创新创业就变成企业实现增长的唯一希望。不断开发新技术、推出新产品、发现新市场、创造新需求、创建新产业，是企业保持增长的根本途径，也是企业在激烈的市场竞争中不断发展壮大的制胜法宝。

前国家领导人江泽民说过："创新是民族进步的灵魂，是国家兴旺发达的不竭动力。"据《2022年全球创新指数报告》显示，2022年中国国家创新指数排名世界第11位，位居全球36个中高收入经济体之首，超过日本、以色列、加拿大等发达经济体。自2013年以来，中国在全球创新指数排名中连续十年稳步上升，表明中国国家创新能力越来越强。当今中国恐怕是世界上创新创业激情最高的国家。

早在2014年夏季达沃斯论坛上，时任国务院总理李克强就曾提出：要在960万平方公里土地上掀起"大众创业""草根创业"的新浪潮，形成"万众创新""人人创新"的新势态，以此构建中国经济发展的新引擎。在当前国际经济形势下，创新创业不仅仅是企业或个人的行为，它已经上升到国家层面成为中国国家发展战略的重要组成部分，成为中国经济实现可持续发展的必由之路。

一、创新机制与创新生态

“创新理论之父”、哈佛商学院经济学家约瑟夫·熊彼特（Joseph Alois Schumpeter）认为：创新是企业对生产要素的重新组合。即企业把一种从来没有的关于生产要素、生产条件、生产组织的“新组合”引进生产体系，建立效能更好、效率更高的新生产体系，以获取更大的利润。创新的主体是企业，创新的战场是市场。创新不是高科技企业的专利，传统企业同样存在着创新。创新内容不仅包含技术、工艺、产品等“硬件”，而且包含管理、品牌、商业模式等“软件”。对于大多数企业而言，创新依旧是一个两难抉择：企业不创新没有未来，等于在“等死”；企业创新又面临很大的风险，等于在“找死”。

中国经济经历40多年的高速发展，如今已经发生了根本性改变。对于企业来说，市场基本饱和，已经从增量市场变为存量市场，企业再也无法像过去那样依靠扩张产能实现发展目标。此时，企业的竞争力已不再是资源整合能力，而是创新能力。创新也不再是一个奢侈品，一个可有可无的选项。企业迫于竞争的压力和增长的需要，不得不创新。不是每一个创新都能终成正果，但是，大部分的成功企业都是靠创新才最终获得成功。在这个充满竞争的社会，没有或缺乏创新的企业将无法参与市场竞争，也不可能发展壮大，创新是企业生存和发展的必然选择。

哈佛商学院的独立研究报告显示，企业80%以上的创新产品或服务都是失败的。据统计，中国企业创新的成功率不足5%。众多的创新者其实是为后来者担当了铺路者的角色。企业创新成功率之所以如此之低，是因为创新受到多种因素和关系的制约和影响。尤其是企业越大，创新的成功率就越低。企业对于新产品的重视总是低于“明星产品”，因为花费同样的时间和资源，“明星产品”所能带来的回报比新产品高得多。出于业绩增长的需要，企业对于创新的关注度自然就少。还有，对于创新来说，自由是非常重要的。正如英国科普作家马特·里德利（Matt Ridley）在其《创新的起源》书中所说：创新是自由之子，是繁荣之母。特别是大企业，需要遵循非常严密的流程和体系，以确保有序运营和发展。但是，恰恰是这些流程和体系阻碍了大企业的创新。

另外，大企业聘请的是高薪的职业经理人，固定成本非常高，使得创新的犯错空间很小。职业经理人也不愿意因为创新而犯错，使得大企业创新更加缺少生存的土壤。大企业招聘的人才偏向于执行型人才，创新型人才很难进入大企业，使得大企业创新缺乏创新型人才的支持。很多大企业的高管本身没有创新的经验，甚至没有管理过创新业务或没有透过创新来驱动企业增长的经历，自然就不知道如何在企业建立起创新机制。企业创新活动能否顺利推进，不仅取决于企业最高层的强力推动，还取决于企业有没有一套创新机制做保障。中国企业总体创新能力不足，除了对创新重视不够、缺乏创新人才，根本原因还是企业没有建立起有效的创新机制，导致创新投入缺乏保障，创新活动难以持久。

企业创新机制是企业不断追求创新的内在机理和运转方式，具体内容包含：动力机制、运行机制、保障机制和风险防范机制。

创新动力机制是企业创新的动力来源和作用方式，是推动企业创新优质、高效运行的一种激励机制。主要内容包括：利益驱动、企业家精神、创新文化与内部激励等。追求利益最大化是资本的自然属性，是企业维持长期生存和不断发展的基础，也是企业创新的动力之源。创新的失败风险高，如果没有强大的利益作为奖励，企业不可能有创新的激情和动力。企业家精神是推动创新的主要推力。企业家精神最重要的部分是创新精神，企业家要敢想别人不敢想、敢做别人不敢做的事，以常人难以企及的方法和手段开创新的事业和局面；或者以创新思维推动企业创新，使企业发展能够紧跟市场的需要，永远处于时代发展前沿，并始终保持比较竞争优势。德鲁克在其《创新与企业家精神》一书中指出：企业家精神是企业创新的前提，其本质是企业家有目的、有组织地开展系统创新。创新文化是企业内部勇于创新、支持创新、尊重创新和激励创新的文化氛围，深刻影响着企业和员工的思维方式和行为方式，对于企业创新能力的形成和提高起着内在的、无形的推动作用。

美国明尼苏达矿业及机器制造公司（简称“3M公司”）在创新方面取得的巨大成就，源自公司良好的创新文化氛围。3M公司不但赋予员工较大的自由度，而且还非常强调公司内外交流、对创新的大胆鼓励以及对失败的高度容忍。创新的主体是人，只有把人的创新积极性调动起来，创新才可能成功。物质和精神激励是调动和维持员工创新积极性的重要手段，企业通过制定创新鼓励政策，比如股权或期权激励、利润分享等，对在创新活动中有重大贡献的员工给以丰厚的物质奖励，以及多样化的精神鼓励，以提高员工的创新积极性。

创新运行机制是指企业创新过程中内在的协调和运转方式。主要内容包括：企业如何做出创新决策？怎样有效投入资源？创新过程中采用何种管控方式？创新成功后如何防止被侵权？等等。企业需要制定规范且严格的创新决策流程，以减少创新的随意性和盲动性，提高创新的精准性和成功率。必要时，企业需要在外部建立专家智囊库，以提高创新决策的专业性。与此同时，企业在内部需要建立知识、信息共享机制，避免条块分割、各自为政，以提高创新决策水平。创新意味着短期内管理费用的增加，影响企业近期的经营投入，企业需要处理好近期发展和长远发展的关系，要合理、适度地配置创新资源，不能因为创新投入过大而影响企业正常的生产经营。企业还要建立一套能够有效决策、指挥、控制、信息反馈的控制系统，这样既可以及时调动创新所需的各种资源，又可以协调和管理创新过程中诸多环节的有机衔接，促进创新活动顺利进行，或者及时停止创新活动以止损。创新不仅需要企业在技术层面取得更多具有自主知识产权的创新技术，提高企业的技术竞争力；更需要企业学会利用专利、知识产权等手段控制创新成果的扩散，减少竞争对手，保持自身的竞争优势。例如，美国宝洁公司、3M公司都在企业内部建立了创新投资机构，通过内部市场化机制提高企业对创新识别的准确性、创新资源的投入效率，以及创新的成功率，减少内部行政管理模式带来的资源错配及其低效创新问题。

创新保障机制主要涉及企业内外协同、制度保证、人才准备、资金投入、技术与信息支持等内容。企业创新能否深入、持久地开展下去，取决于企业能否充分挖掘和利用内外部资源，以及企业是否拥有人才、技术、信息和资金等资源的储备。创新不是一个孤立行为，任何一个企业都很难在封闭环境下开展创新活动。随着科学技术的不断发展，协同创新显得越来越重要。企业不仅要建立内部协同机制，而且还要建立与合作伙伴、供应商、用户、大学、科研机构等的外部协同机制。众所皆知，光刻机作为芯片制造的关键设备，不是某个企业或国家技术的简单组合，而是全球相关企业和技术的协同结果。作为全球最大光刻机生产企业的荷兰阿斯麦（ASML）公司，也只是这些协同技术的集成者，而不是所有协同技术的创造者。

创新作为企业长期战略的一部分，企业要对创新活动实行制度化管理，让创新活动有制度可依，而不是“运动式”创新。创新人才是企业创新能否持续开展下去的根本保证，没有创新人才，就没有企业创新。企业要不遗余力地为创新业务寻找合适的创新人才。与此同时，企业还要加大创新费用的投入，为创新提供必要的资金支持。这既是稳定企业科技队伍的一个基本条件，也是企业增强持续创新能力的必要条件。华为公司之所以拥有强大的创新能力，与其每年巨额的科研资金投入密不可分。据统计，2021年华为研发投入高达1427亿元，占华为全年收入的22.4%，位居全球第二、中国第一，早已超过苹果、三星等企业。

此外，企业还需要建立内部学习积累机制，以总结企业技术经验，不断提高企业整体技术水平和创新能力。中国轴承行业的产品技术水平长时间落后于西方发达国家，主要原因之一是中国轴承行业的技术数据积累不够。企业还必须建立技术与信息搜集机构，专门负责搜集相关技术和信息资料，并及时跟踪国内外科技发展动态。相关研究发现，大多数企业创新不是完全来自企业自己的创意，而是借助外部的创新源。对于那些暂时不具备独立研发技术的企业来说，可以通过建立“借鸡下蛋”的机制，利用外部资源实现创新目的。

创新风险防范机制是指企业为了防范和化解创新风险所采取的措施、流程与制度。创新风险防范机制贯穿于企业创新决策、过程调控、信息管理、人才激励和资金控制等各个环节，涉及政策、经济、技术、市场、产品和企业资源等多个因素。因此，企业需要严格执行创新决策流程；完善企业信息收集、处理与反馈渠道；建立创新过程评估、管控和反馈流程，并且将创新成果与个人和团队的收益挂钩。尤其是对资金投入要实行严格的节点控制，将创新风险降到最低程度或者企业可接受范围，确保企业创新持续有效开展。

惠而浦（Whirlpool）公司的创新机制值得称道。惠而浦公司在全球设立创新副总裁，在每一个区域成立“创新团队”，负责提出创新想法。在各个区域的主要部门成立“创新委员会”，负责总结创新想法、评估创新项目、设定目标、分配资源等。同时，“创新委员会”还负责预估公司的持续创新能力。惠而浦公司还定期举行大型创新交流会，“创新团队”在会上将他们的创新想法展示给其他员工、媒体甚至华尔街的分析师们。有时候这些活动也在市郊的购物中心举行，惠而浦公司通过这种方法直接收集反馈信息，了解潜在客户的想法。惠而浦公司在内部建立了一个“创新E空间”计算机系统，所有员工都可以在这个系统中了解公司一切创新活动的进展情况。创新极大地提高了惠而浦公司的产品竞争力，为其发展注入了强大动力。惠而浦公司营业收入由2003年的7800万美元，增长到2020年的204.2亿美元，年均复合增长率高达38.7%。惠而浦公司因此成为将创新嵌入公司核心能力的成功企业之一。

美国之所以成为当今世界上创新水平最高、成果最多、转化应用能力最强的国家，与其完善的国家创新生态系统密不可分。美国国家创新生态系统的特点是：联邦和州政府以及各部门的创新政策的系统性、企业创新决策的自主性、创新活动参与各方的协同性、创新组织的专业性、创新成果的商业性以及创新参与者的大众性。硅谷作为美国乃至全球创新能力最强的高新技术产业集群区，孕育了美国创业公司和科技服务业协同发展的创新生态系统，集聚了谷歌、英特尔、苹果等世界知名的高新技术企业。据统计，硅谷地区人口占美国总人口1%，却创造了美国13%的专利，拥有美国100强企业的40%。硅谷创新生态系统主要体现在5个方面：大企业和初创企业共生的学习竞争机制；大学、行业、政府多向互动交流机制；以区域科技联盟为平台的协作机制；以小企业为核心的科技服务网络机制；以联邦政府法律规范为准则的引导机制。

企业创新生态系统理论认为：企业应该将创新置于发展战略的核心地位，同时，还要与相关合作伙伴一同构建完整的创新链，以推动企业创新成功。企业创新生态系统通常是以某一个企业为中心（往往是设备集成商、终端设备制造商或最终产品生产商），对内构建核心能力，对外联合各个创新主体，通过发挥各自的异质性以及相互间的协同创新，实现价值的共同创造和分享，并形成相互依赖和共生共进的网络关系。以谷歌为例：在谷歌创新生态系统中，不同的第三方都可以到这里访问，开发出融合了谷歌功能元素的新型应用产品，同时向用户测试和营销其产品。谷歌、第三方创新者、用户和广告商构成了一个创新"生态系统"，他们之间的积极互动形成了对各方都有利的良性循环。即，用户能更快地得到更加丰富的创新产品；广告商拥有了更大的广告发布平台；第三方创新者的产品一旦创造了足够的价值，他（她）就能够获得议价能力，跟谷歌协商订立收入分配协议；谷歌由于提供了更多附加产品而增加了网站流量，并作为这个生态系统的所有者和经营者控制生态系统的发展，并从中赚取超高比例的收益。

华为的成功得益于它的创新生态系统的开放与共享、竞合与共生机制。华为的创新生态系统建立了以华为、组件供应商、科研机构、高校、合作企业及客户为主体的内部知识产权管理体系，以及开放式创新文化与外部开放式创新平台相互促进的开放与共享机制。华为建立了多种类型竞合共生平台与异类单元进行分工合作。其中包括：与国内外企业进行合作或建立合资公司及研究所；与国内高校开展合作研发，签订人才培养协议等，以此搭建华为与高校的开放式创新平台。华为还建立了简单的外部创新网络，通过外部创新网络与各个主体进行创新资源的交流与共享，集聚创新资源，加速资源流转，促进创新发展。华为通过合作研发降低了自身的创新成本与风险、减少了资源占用、提升了研发效率。华为还先后成立了中央研究部与知识产权部，保证了知识、技术成果的及时专利化和标准化，加强了自身知识产权的保护与利用。华为在企业内部建立了开放式创新文化，以开放的心态看待和整合业界的各种资源，为华为开放式创新奠定了文化基础。

除了华为等少部分优秀企业，中国企业整体创新能力依然存在诸多问题。正如刘熹微在《创建“创新生态系统”》文章中论述的那样，对于一家优秀的企业而言，它需要同时做好两类创新。首先，必须对产品和商业模式进行持续、快速的小幅度的渐进性创新，以维持企业的现有竞争力、市场份额和收入增长；其次，必须对产品和商业模式进行大幅度的突破性创新，并控制创新所产生的风险，以确保企业的未来竞争力、市场份额和收入增长。中国企业创新的关键在于，能否在不断增强渐进性创新能力的基础上，高效孕育和发展出突破性创新。目前，中国企业普遍没有着力于创新生态系统的建设，很多企业甚至难以识别和描述哪些外部组织可以纳入自己的创新过程中。他们与外部企业的合作往往只是交易型的单次合作关系，而非长期的战略型合作关系。因此，中国企业很少会将客户及合作企业引入企业的创新过程中，也没有清晰地定义它们在创新项目中所应发挥的角色和作用。在这种情况下，外部智库、专家组织，社交化的技术及构思网络，社交化的线索需求、市场机会及创意体系，以及一些公开的创投项目，通常都没有成为多数中国企业创新生态系统的一部分。

其中，企业的采购管理体系的作用尤其不可小觑。通常来说，企业已有或潜在的供应商，往往是某个特定领域的专家，他们具备或可能具备在该领域进行突破性创新的可能。企业如果能够意识到这一点，就可以通过签订采购合同等多种方式将其引入到自身产品和服务中来，成为自己突破性创新的一部分。同时，其他大部分合作关系也可以通过供需合同等方式，互相建立契约关系，以保证和实现双赢价值。但目前，中国企业的采购管理体系往往只面向企业日常运营，一些普遍流行的采购准则——比如限制单一供应商，或将价格作为供应商选择的压倒性因素——不能满足企业的创新需求，既无法帮助企业更好地选择更具创新能力而非更低价格的供应商，也无助于企业创造性地使用这些拥有独特技术的供应商。可以说，中国企业缺乏对供应商进行多维度、平衡化的、面向创新的战略考量。这种短视行为大大削弱了供应商体系对于提升创新能力的贡献率。

中国企业习惯于通过盯住行业内标杆企业、盯住客户需求，以产品和服务改良、快速的市场响应能力来达成企业的业绩目标。这种“快速跟随者”战略，可以让企业避免走弯路，降低市场风险，迅速获益创收。这一战略本身并无优劣可言，只要符合企业目标及商业现实就无可厚非，但对于中国整体创新能力而言，过多企业偏向于这一战略时，则容易使其陷入思维定式，丧失创新奋进的动力，进而限制了创新的愿景和目标。在现实中，很多企业往往会设置较为清晰的财务和市场渐进性目标，但却缺乏清晰的、可以执行的突破性创新策略，缺乏对于创新目标的进一步解读和具有执行力的创新计划。同时，“快速跟随者”战略往往极大地降低了企业的战略选择风险，使得企业在战略规划上，形成了强调高成功率、厌恶风险的战略惯性。在执行上则往往过分强调执行效率，而忽视风险控制。这些战略上的惯性与习惯都有可能将高风险、高回报的突破性创新的机会扼杀在萌芽阶段。

目前，中国企业基本已经建立起了具有一定执行力的职能型组织架构，但突破性创新不可能发生在职能型组织内部。中国企业领导者还不能有效地回答建立高效创新组织的一些关键问题，包括：企业最高层领导在突破性创新中承担何种职能？如何组织跨职能和跨学科团队来执行创新项目？如何实时评估创新项目执行过程中存在的问题？如何将创新项目成果商业化？商业化过程应该由创新项目组承担还是由职能型部门来承担？等等。这种思想认识上的不足，可能导致一些绝佳的创新构思因为缺乏有经验的组织支撑而不能发展为产品或商业模式，另一种可能的情况是，即使有了产品和商业模式，如果不能将其商业化、成熟化，最终也会丧失成为成功创新的机会。当全球化进程的驱动力渐弱、突破性创新正改变甚至颠覆各个行业时，中国企业应建立前瞻性的突破性创新战略，从组织、文化、人才体系、生态系统等多方面提升突破性创新能力，并通过收购和整合等多种方式扩充企业的产品创新和商业创新的程度。在创新生态系统建设方面，中国企业应专注于识别长期的创新合作伙伴，并逐步改进企业的合作和采购管理体系，创造双赢和多赢的合作关系。

二、公司创业与创业公司

公司创业是指企业在现有业务基础上创建新业务的过程。公司创业的目的是发掘或利用新的市场机会，分散企业经营风险，提高企业竞争地位和财务绩效，实现企业的可持续发展。公司创业既是企业成长和多元化的途径，又是企业转型升级的手段，也是企业开发新事业与创造新收益的源头，更是企业在迅速变化的市场上保持竞争力的秘笈。公司创业对于众多企业的经营和管理方式产生了影响，实现企业“基业长青”的关键步骤之一就是推动公司创业。

企业的外部环境变化为企业带来机会或压力，引发或迫使企业进行公司创业以重新获得竞争优势。市场供需关系的变化、新技术发明的产生、市场信息不对称、定价机制缺陷，以及制度变革和人口结构变化等，都会给公司创业创造机会。当然，企业战略、组织文化、企业资源、企业高层领导者对公司创业同样有着重要影响。

技术创新是公司创业的重要推手。新技术的出现带来的新的成长机会，快速的技术迭代给企业带来的威胁，其他行业的技术进步给本行业带来的影响，以及本行业技术积累带来的技术机会等，推动着公司创业的发展。在瞬息万变的市场环境下，投资新技术既可以提高企业未来获利的可能性，又能帮助企业克服原有产业发展上的不连续性。市场机会是公司创业的关键诱因。只要市场有需求，企业就有创业机会。小公司比大公司更善于捕捉市场的潜在机会，大公司因为规模大而导致管理层级多，固有的管理方式和组织文化随着企业年龄的增长而深植于企业内部，难以转变。内部高度结构化和制度化的结果削弱了大公司的创业精神和能力。所以，大公司常常是通过投资小公司来实现对新市场的开发。

公司创业既是机会发现、评估与利用的过程，又是资源识别、获取、整合与利用的过程。机会的发现与资源的识别是公司创业的前提，机会的评估与资源的获取是公司创业的关键，机会和资源的整合与利用才是公司创业的真正开端。公司创业分市场驱动、技术驱动与资源驱动三种主要类型。如果市场体系较为健全，要素市场较为完善，政府对市场及企业的行为干预较少，则经济活动主要由市场自由发挥调节作用。在此环境下，资源可获得性较好，公司创业的关键在于识别有价值的市场机会和技术机会。反之，如果政府较大程度地干预市场和企业的行为，市场体系不健全，要素市场不完善，市场的力量相对薄弱，则资源被控制在政府和少部分人手中，且资源可获得性较差。在此背景下，公司创业的关键在于能否掌握一定的资源。但是，在资源驱动创业的环境下，制度和市场变革也会带来一些创业机会，存在机会驱动型创业行为。比如，改革开放之初，中国由计划经济向市场经济转型之时，制度和市场的变革为中国各类非公企业的发展创造了千载难逢的机会，成就了中国庞大的民营企业群体，这就是制度和市场的改革给创业带来的红利。

公司创业有两种实现方式。第一种方式是外部创业。即企业通过对外股权投资来培育和发展新业务。股权投资又分为少数股权投资和控股权投资，当标的公司未来不确定性较高时，企业青睐少数股权投资；当标的公司未来确定性较高时，企业愿意采取控股权投资。少数股权投资有利于企业对标的公司进行深度了解，降低投资风险。以百度、腾讯、联想、阿里巴巴为代表的国内一批行业龙头企业，越来越广泛地采用少数股权投资方式参与创业投资之中，带动了中国创投业务的发展，成为中国大企业外部创业的一种趋势。比如，2006年，百度成立战略投资部门，专注于投资与其主营业务密切相关的创业公司。腾讯于2008年成立投资并购部，聚焦全球范围内消费互联网和产业互联网相关领域的投资与并购。2010年，联想集团成立联想创投，以内部孵化与外部投资方式在互联网和智能生态领域布局，推动前沿科技在联想集团各个产业中的落地，等等。

与中国创业投资形成鲜明对比的是，美国的创投业务更多强调对技术而非市场机会的获取，只有当行业本身有较强的技术积累时，市场增长才会促使美国企业提高对创投业务的投入力度。2017年中国共享单车市场上演的“烧钱大战”及其最后的大败局，充分说明了仅有市场而没有技术门槛的创业投资，其实就是一场豪赌。行业如果没有技术壁垒，创业公司仅仅依靠资金堆积起来的竞争优势，最终将由资本来决定谁是王者，谁将出局。这也就是说，谁的资本雄厚，谁能够撑到最后，谁就是赢家。如此创业投资造成社会资源的极大浪费，这显然不是创投业务应该追求的发展方向。

近年来，中国创投业务方兴未艾，助力了中国创业公司的发展。创业公司是为了开发某个市场或技术而成立的初创性公司，旨在参与市场竞争，获取创新收益。它既包含由个人或合伙人成立的独立的创业公司，又包含在企业内部成立的创业公司。企业在对外进行少数股权投资时，只有当其能够给创业公司带来除资本之外的资源及赋能时，才有可能取得控股权。否则，只能作为战略投资者，这对于希望通过少数股权投资实现产业转型的企业来说，不是一个好的选择。因此，控股权并购成为企业谋求产业转型的主要选择。

公司创业的另外一种方式是内部创业，即企业通过内部组建创业团队、成立创业公司孵化和创建新业务。公司内部创业有两种不同的模式，其一是“自下而上”模式。即由员工自发确定研究课题，公司审核通过后给予支持。比如，美国3M公司在内部建立风险投资机构，当员工有好的产品构想而其直属部门又没有足够资源支持时，员工可以向内部风险投资机构申请资源，然后开始内部创业活动。其二是“自上而下”模式。即由公司高层根据市场和技术的发展趋势，研究确定内部创业项目，然后组建创业团队，投入必要的资源并授权开展创业活动。腾讯公司采用的就是“自上而下”模式。当年，微信创始人张小龙在给马化腾的邮件中建议，腾讯公司应该做移动社交软件，马化腾很快同意了张小龙的想法。2010年，腾讯公司微信创业项目正式立项。张小龙作为创业项目负责人，带领腾讯公司广州研发部开始微信项目研发。两年后，微信上市并大获成功。

斯坦福大学商学院教授罗伯特·A. 伯格曼（Robert A. Burgelman）在研究英特尔（Intel）公司创业活动的过程中发现，英特尔公司的创业活动是其全体员工在各个层次上相互作用的结果，这些创业活动同时包括正式和非正式两类。正式的创业活动由高级管理层确定，以适应某种战略的需要；而非正式的创业活动则是由员工自发开展的。非正式创业活动往往先是由员工个体为了实现自己的创造性或追求自身利益而自发进行的，不一定得到组织的正式支持。不过，其中一些活动最终会得到公司的正式承认，并成为正式的创业活动。显然，英特尔公司的“非正式”方式，其实就是“自下而上”模式；而英特尔公司的“正式”方式，其实就是“自上而下”模式。无论采取哪种方式，无论英特尔公司、3M公司或腾讯公司，它们内部创业的目的都是一致的：提高公司的竞争地位和财务绩效。

中国多元化失败的企业，绝大多数都是未能闯过内部创业这一关。力帆集团早在2003年就已经是全国最大的摩托车生产企业，公司创始人尹善明并不满足于此，他决定进军汽车制造业。尹善明认为他在摩托车行业的成功经验可以复制到汽车制造业。在尹善明进军汽车产业的十几年时间里，力帆汽车推出了多款车型，不管是传统汽车还是新能源汽车，都无一成功。2020年，力帆集团终因不能清偿到期债务且资不抵债，被法院裁决破产重整。类似力帆集团这样的内部创业失败案例还有很多。

不过，中国也有很多内部创业成功的企业。比如，比亚迪是以生产手机电池起家，经过26年不间断的内部创业，公司产业已经由电池拓展到汽车、轨道交通、新能源和电子等。海螺集团从安徽一个山区的宁国水泥厂，通过不断的内部创业，现已发展成为涵盖水泥制造、化学建材、节能环保新材料、工程建设、国际贸易、现代服务业等多元化集团，位居世界500强。改革开放以来，中国涌现出许多诸如比亚迪、海螺这些内部创业成功的企业，这一切得益于中国经济几十年来的高速发展，给中国企业内部创业创造了巨大商机。

中国学者研究认为，影响企业内部创业的关键成功因素包括内部因素和外部因素。内部因素主要包括：企业内部创业者的创业动机、创业技能和个性特质；企业内部创业团队成员的互补性、团队凝聚力和团队创新能力；企业内部创业公司的新产品研发能力、商业模式和资源获取整合能力等。外部因素主要包括：母公司的发展战略、组织结构、组织文化和管理层的支持；有利于创业公司的宏观环境、行业环境和竞争环境等。企业在开展内部创业时，只有把握好关键成功因素，才能有效地实施内部创业活动，使内部创业活动能够顺利进行下去，并最终获得成功，从而为企业来带来新的业务增长点和未来的发展动力。

企业内部的创业公司与外部独立的创业公司同属创业活动，它们所要承担的使命以及所要面对的市场竞争环境是相同的，如机会导向、创造性地整合资源、价值创造、超前行为、创新和变革等。唯一差异在于，企业内部的创业公司是在母公司庇护之下，能够获得母公司各方面的支持，方便获取创业资源，但也同时受到母公司组织环境的一定制约。然而，作为创业公司来讲，决定它们的关键成功因素基本上是一致的。

据中国《第一财经日报》数据统计，中国2017—2019年这3年间的初创企业存活率不足1%。据统计，美国的创业公司存活10年的比例仅有4%，中国创业公司的成功率大约在5%～10%，具体到企业内部的创业公司，成功率更低。这是因为公司内部创业在市场选择的精准度和创业团队的投入度方面，要明显低于个人创业或合伙人创业。

创业公司成功率低的原因是什么？美国硅谷风险投资数据智库CB Insights在分析101家创业公司失败的原因时发现：没有找到与市场相匹配的产品是主要因素，占比为42%，而后依次是缺乏足够的资金（占29%）、没有合适的创业团队（占23%）、在竞争中被对手击败（占19%）、缺少一款好的产品（占17%）、缺乏好的商业模式（占17%）、没有把握住好的时机（占13%）、忽视了客户（占13%）。美国著名创业家比尔·格罗斯（Bill Gross）通过对超过200家创业公司的研究发现，有5个关键因素影响创业公司的成败。其中，创业时机最重要，占比为42%；其次是团队和执行力，占比为32%；排在第三位的是创意，占比为28%；余下是商业模式占比为24%、资金占比为14%。

如何提升创业公司的成功率？归纳起来有如下6个方面：

第一，创业产品。创业公司的首要问题是做什么产品或服务？创业产品的独特性和差异化是什么？产品解决了客户的哪些痛点？产品的市场容量有多大？行业进入门槛与行业集中度如何？等等。以上这些是决定创业公司成败的关键。创业公司失败的最大原因是开发了一款没有市场需求的产品，或者即便有市场需要，由于产品同质化，最后也难以在激烈的市场竞争中获胜。很多创业者的失败是因为过于主观地选择创业产品，没有从市场需求端出发，而是从自己的理想出发，要么是一个异想天开的伪需求；要么是一个真实的需求，但创业者没有能力，却不自知。所有这类“想当然”的创业项目，缺少实践的验证和市场数据的支撑，无论看上去多么高大上，听起来多么符合逻辑，最后都不可能成功。因为创业项目的出发点就是错的，结果自然就不可能好。这也是很多没有经验的创业者经常犯的错误，即：不切实际的梦想、不切实际的需求、不切实际的能力。

第二，创业团队与文化。创业团队在哪里？创业团队领导人是否称职？尤其是创业团队领导人是否拥有企业家精神、必要的行业经验、团队组建能力、管理能力和领导力？创业团队成员之间的专业技能、性格特征及管理风格是否彼此互补、相辅相成？一个优秀的创业团队是创业公司成功的前提。创业公司文化并非虚幻，它对于创业公司的影响深刻而久远。一个创业公司是以利益还是以是非为标准，决定它能走多远。有些创业公司碰到问题时，首先想到的是：有没有钱赚？而另外一些创业公司遇到问题时，首先会问：这是对的事情吗？这是应该赚的钱吗？千万不要小看这种差别，时间久了差距就会很大。以赚钱为目的的创业公司，大多数最后都是以失败而告终；而成功的创业公司，几乎都是拥有愿景和情怀的。

第三，创业资源。创业资源是公司创业成功的保证。创业资源包括资金资源、技术资源和社会网络资源等。企业自身的资源（或自身能创造的资源）总是有限的，需要从外部环境中获取，创业公司通常对外部资源具有依赖性。充足的资金可以确保创业公司在成功之前不会因为资金断流而死亡。技术资源是产品竞争力的根本保证，这一点对于科创型公司尤其重要。与科研机构、高校以及价值链上企业的合作，体现创业公司对社会资源的整合能力，它决定着创业公司的发展速度和质量，对创业公司来说同样重要。

第四，报酬制度与管理模式。报酬制度，尤其是股权激励制度，是创业团队最为关切的问题，决定着创业团队的投入程度和责任心，是创业团队凝聚力和战斗力的保证，对于创业公司的成功起到非常重要的作用。创业公司的独立性和决策自主权、企业管理层的支持等，同样影响创业公司的成败与否。如果创业公司不能独立自主决策，凡事都要由大股东或上级管理者决策，这样的创业公司也很难成功。创业团队必须真正担当起创业的责任和风险，且拥有破釜沉舟的决心和勇气。唯有这样，创业公司才有可能成功。但是，创业公司本身在经营管理方面的经验不足，会给其决策带来巨大的风险，由此造成创业公司不当死亡的案例比比皆是。合适的管理既不会影响创业公司决策的自主性，又能减少创业公司的不当决策带来的自我伤害甚至意外死亡。

第五，创业时机。创业公司对于商业机会的识别与获取能力，是一种将潜在机会转变成可行的商业计划，并最终实现价值转化的能力，需要创业公司有足够的聪明智慧、较高的商业敏感度和市场洞察力。准确地把握创业时机是创业公司必须具备的核心能力之一。在合适的时机推出不合适的产品，与在不合适的时机推出合适的产品，同样不可取。最典型的案例是：20世纪90年代初，当大多数中国人还不知道互联网为何物时，瀛海威作为中国最早的一家互联网公司，已经开始面向普通家庭开放网络，实现付费上网的盈利模式。瀛海威同时也是中国第一个提出“百姓网”概念的公司，让当时还是专业人员才使用的互联网进入了寻常百姓家。由于没有把握好创业时机，瀛海威终因2000年互联网泡沫破灭而失败。而1999年才成立的阿里巴巴生逢其时，最后成功了，此乃“时势造英雄”。

第六，外部环境。外部环境在创业过程中的作用不可小觑，它是创业公司成长过程中所能利用的各种要素的集合，与创业活动密切相关。创业公司需要从外部环境中获取各种资源，对于那些极度缺乏资源的创业公司而言，与外部的资源提供者保持良性关系，并且调整自身来适应外部环境极为关键。外部环境包括融资环境、人才环境、产业环境、政策法规环境、社会经济技术发展水平等。良好的外部环境不仅有利于创业公司成长，而且能够极大地降低创业公司失败风险。创业环境既可促进创业的发展，也可成为创业的限制因素。当环境对创业者来说是一种“顺境”时，创业者如鱼得水，可在激励创业的宏观环境或微观环境里大展拳脚，开拓创新。相反，当创业环境对创业者而言是一种“逆境”时，创业者会经历更多的挫折，甚至创业失败。

研究发现一个有趣的现象：越是成功的企业，内部创业越难成功。为什么会产生如此悖论？但凡成功的企业都曾拥有丰富的创业经验和管理经验，与个人或合伙人创立的创业公司相比，成功企业在市场把控、企业管理、人才供应等方面具有无法比拟的优势。按理说，成功企业内部创业的成功率更高，可现实中为何反而是成功率更低？华顾咨询研究发现主要原因有两个方面：

其一，盲目自信。成功企业在过去取得了骄人业绩，甚至长期位居行业第一或第二。如此巨大的成功带给这些企业的不仅仅是决策时的财大气粗、肆意妄为；而且也有对进入新行业和新产业的盲目自信。他们习惯于用过往的成功经验指导新技术或新市场的创业，这就等于用过期的地图导航，结果自然是“差之毫厘，谬以千里”。创业成功带有一定的偶然性，几乎所有的创业公司都是在经历九死一生之后才获得成功。成功企业过于相信自己的能力，对市场和竞争对手缺少敬畏感，忽视能力之外的各种机会甚至机遇，本身就不符合创业成功的事实。

其二，管理方式不当。作为创业公司的投资方企业，不能正确摆正自己的位置，总是忍不住对创业公司施加各种管理和影响，不仅会让创业公司无所适从，而且还会严重削弱创业公司经营管理团队的创业激情和责任心。虽然管理对于创业公司来说很重要，但是，创业公司成功的主要因素并非来自精益管理的驱动，而是来自市场机会的牵引。这就需要创业公司勇于挑战，敢于担当，不断试错以验证和判断市场需求的真实性及市场机会，这在客观上要求创业公司必须拥有决策自主权。作为投资方的企业囿于复杂的体系和流程，如果用管理成熟企业的方式来管理创业公司，以外行来管理内行，本身就孕育着巨大的风险。所以，西方企业宁愿选择并购，也不选择内部创业，道理就在此。

三、创业公司的管控模式

创业公司最重要的特征是创新性，创业公司的最大挑战是未来的不确定性。创业团队一方面要保持足够的创造力，从0到1创造出一个新产品和新市场；另一方面又要极力避免因为缺乏管理经验，导致创业公司夭折。一般情况下，拥有丰富管理经验的人往往创造力不足；而拥有创造力的人又大多不善于管理。管理经验与创造力难以兼顾，就如同鱼和熊掌难以兼得一样。考虑到管理经验可以在创业过程中不断获取和积累，因此很多企业在组建创业团队时通常会优先考虑创造力，而不是管理经验。事实上，我们很少见到资深的管理者创业成功的案例。当然，诸如台积电创始人张忠谋这种高新技术管理者除外。有鉴于此，有些企业在选择创业团队成员时，根本不考虑他们过往是否拥有丰富的管理经验，甚至有意规避这些所谓的经验。因为经验对于创业来说有时候算不上是优点，反而可能成为创业的负累和羁绊。所以，对于创业公司来说，创业团队缺乏管理经验是一个较为普遍的现象。

《创业者的窘境》作者诺姆·沃瑟曼（Noam Wasserman）研究认为，只有18%的创业者在创业前有过管理经验。其中，技术型创业者往往缺乏管理经验，甚至对管理提不起兴趣。在*Inc.*杂志评选出的高速增长的中小企业500强名单中，创始人普遍缺少管理和运营经验。但是，创业公司对于管理的需求一点都不少。由于创业公司的不可预知性，我们无法用管理成熟企业的方法来管理创业公司。

正因为如此，对于创业公司的管理，需要重点解决两个方面问题：其一，通过风险监控与管理，防止创业公司决策不当而自毁长城；其二，为创业公司在人才、财务、法务、市场、运营等方面提供教练和指导，尽量让其少走弯路，提高创业公司的成功率。创业公司不仅需要会计师、银行家、律师、广告代理商、市场研究员等外部专家顾问为其提供标准化服务；而且也需要市场营销、技术管理、财务管理、知识产权管理、供应链管理、人力资源管理等内部专家顾问为其提供个性化服务。

事实上，创业公司真正需要的是资源和赋能，而不是命令；需要的是一个合格的“教练”，而不是一个所谓的“管理者”。我们知道，教练对于运动员来说极其重要，教练的价值不仅限于熟悉训练方法以及培养运动员那么简单。一个优秀的教练不仅要有广博的运动基础知识、精深的专业知识以及丰富的实践经验，并且要能够掌握丰富的训练方法，正确指导和科学训练运动员；还需要有慧眼识珠的能力，能够在人群中发现有潜质的运动员。教练的意义在于让运动员发现自己所处的位置和要去的方向，并使之更有效率和更快地达成目标。教练的作用不是取代运动员，而是辅导运动员，通过科学的训练帮助其成功。同理，创业公司的管理者不是取代创业团队，而是要辅导和帮助创业团队，提高创业公司的成功率。

私募股权投资机构在投资创业公司后，都很重视投后管理，特别是为创业公司提供各种增值服务。许多大型投资机构甚至专门成立了单独的管理团队，负责创业公司的投后管理。华尔街知名的私募股权投资机构KKR集团的KKR Capstone生命周期投后管理模式，是一个比较典型的案例。KKR Capstone独立于KKR投资团队，其目的是帮助KKR所投资的企业进行管理提升和改进。KKR Capstone团队均由顶级的经营管理咨询人才所构成，且大多数都在特定行业内有着丰富的实操经验。在KKR投资团队完成投资后，KKR Capstone团队就会进入被投资企业，根据投资团队投资前的规划，帮助所投资企业完成包括战略转型、绩效改善、效率提升和成本削减等在内的一系列增值服务。更为重要的是，这些工作不限于前期的咨询服务，还包括后期具体的实施和落地阶段的工作。

同样道理，作为创业公司的投资方企业来说，它对所投资的创业公司不能“一投了之”，任由其自由发展、自生自灭，而是要通过自己在资源和管理方面的优势为创业公司赋能，减少其失误，帮助其成功。比如，深圳星河产业集团不仅可以给其产业园里的众多创业公司进行股权投资，而且可以通过产业园的行政服务中心，给园区几百家创业公司提供产业政策、财税咨询、法律、融资、知识产权，以及招聘、培训、社保与住房等方面的服务。通过众创空间“投资+服务”模式，深圳星河产业集团已经成功孵化40多家上市公司。

如何对创业公司实施有效管控？管理者既能不影响创业公司决策的自主权，又不能因为监管缺位而使创业公司失控甚至衰亡，最好还要能为创业公司提供必要的赋能，以帮助其成功。下面介绍几种具有代表性的创业公司管控模式。

1 松江科创园的创业导师制

创业公司如果能够得到好的导师的指导，并且可以获得导师的相关人脉资源的支持，对于产品、市场以及后续的融资都会有显著的帮助。例如，洛杉矶最活跃的孵化器之一LA Amplify，每周都会举行一个导师分享会，邀请在业内享有盛名的企业家、投资人来分享成功经验，并对其孵化的公司进行指导。全美排名前五的孵化器Launchpad LA则是设立导师的“下午茶时间”，以帮助创业团队和导师建立更紧密的联系。一些创业导师本身就是投资人，这样他们可以更容易和创业者建立关系，抓住投资机会。有些创业导师利用自己拥有的丰富资源给创业公司提供各种帮助，他们还可以因此获得创业公司一定的股份。

上海交科松江科创园是上海市创业孵化示范基地，是以“智能科技”为主题，集创业苗圃、众创空间、孵化器、加速器为一体的科创型园区。园区采用创业导师制为创业公司提供资源对接、创业辅导等服务。园区聘请资深导师一对一为创业者解疑释惑，涉及工商、财税、知识产权、投融资等专题，让真正有需求的创业者得到指导和帮助，并在此过程中筛选合适的创业公司入驻园区。创业导师为创业公司提供的服务内容包括：协助制定创业公司成长和发展计划；评估创业计划与决定，提供技术性、前瞻性的指导与建议；提供产品进入销售网络的机会；协助处理影响创业公司发展的困难或难题。从2019年起，上海交科松江科创园固定每个月的第一个周五为工商咨询，第二个周五为财税咨询，第三个周五为知识产权咨询，第四个周五为投融资咨询，为创业公司提供专业咨询和辅导。

2 比尔·格罗斯的思想实验室（Idealab）

美国加利福尼亚州帕萨迪纳（Pasadena, CA.）有一家专门孵化互联网服务企业的专业孵化器，其创始人是具有成功创业经历的创业者比尔·格罗斯（Bill Gross）。格罗斯在高中时期就创办了自己的企业Solar Devices，这是一家专门为太阳能产品提供设计和配置的公司。格罗斯在大学期间创办了著名的GNP公司，该公司被评为当时美国500家最具有成长性的企业。1991年，格罗斯创办了知识探索公司（Knowledge Adventure），该公司后来发展成为美国第三大教育软件出版商。格罗斯创立并孵化很多成功的项目，当然也有很多失败的项目和教训。格罗斯认为，创意对于创业公司来说是最重要的，创业的动因首先来自好的创意，而好的创意一定是切合时机的。

格罗斯的思想实验室（Idealab）创立于1996年，用于培育和监管由其实验室巧妙构思而成立的各类创业公司。思想实验室孵化项目主要集中在三个领域：软件、机器人技术和清洁能源技术。在过去20年里，思想实验室成功孵化了120多个项目，其中超过40个项目被大公司收购或上市，有着相当高的孵化成功率。后来，思想实验室又开始拓展设计类项目的孵化业务。

思想实验室像是一个孵化器、风险投资人、创意智囊团的结合体，已经成功创立了30多家互联网公司，每一家互联网公司成立的创意，都来自格罗斯本人或思想实验室管理层中的某个人，思想实验室提供给创业公司的种子资金不超过25万美元。思想实验室的运作流程为：发现新技术→调研新市场→计划新企业→雇佣管理层→注入权益金（种子资金）→上市或出售。在格罗斯看来，初创互联网企业不需要太多资金，需要的是专业知识、智囊意见和成长速度。专业知识和智囊意见可以由格罗斯和思想实验室的专家智囊提供，而成长速度取决于初创企业以零失误率快速成长的能力。格罗斯投资成功的公司包括：PetSmart——美国知名宠物用品连锁商店；CitySearch——美国本土搜索服务商，为客户提供餐馆、酒吧、购物场所的地址、照片、地图、网友评论及打分等服务；EntertainNet——提供新闻和相关资讯的互联网广播公司；Answer.com——能够回答任何问题的网站；等等。

3 李开复的创新工场

李开复博士2009年创办的创新工场（Sinovation Ventures），是一个致力于打造集创业公司、资金支持、投后服务于一体的创业平台。它以“发现商业机会，助力创业者成功”为宗旨，意在培育创新人才和新一代高科技企业。创新工场针对早期创业者需求的资金、商业、技术、市场、人力、法律、培训等提供一揽子服务，帮助早期阶段的创业公司顺利启动并快速成长。同时，帮助创业者开创出一批最有市场价值和商业潜力的产品。创新工场的资金来源于全球投资者。其中，既包括专业投资机构和战略投资者，也包括知名家族和个人。创新工场的投资对象为中国最具潜力的创业人才，他们不仅在专业领域有着深厚的积累，而且具备创业者的优秀素质。创新工场的理想是通过全方位支持、高端服务、全球视野和资源，协助创业者实现创业梦想。同时通过与创业者、投资者、政府、企业等携手，共同打造健康、良性的创业生态，协助中国创业者打造世界级企业。

创新工场投资的创业公司包括：中国Q&A问答网站知乎、联合办公空间公司优客工场、香港上市公司美图、摩拜单车等。与国内大多数创业投资公司重投资、轻投后的管理模式不同，创新工场在国内最早提出“投资+创业服务”的运营模式，开创了中国创业孵化器运营之先河。创新工场自成立以来，20多人的投资团队投资了300多个项目，这一成绩源于背后强大的投后管理团队的支撑。

据了解，创新工场投资团队和投后管理团队的人员比例基本上保持在45：55。投后管理人员比投资人员多10%，其目的是突出投后管理的重要性，确保投资团队投资的每一个项目都有专职投后团队进行管理并提供服务。值得一提的是，创新工场还设立了专业的法务团队，为创业公司提供贴身、专业的法律服务。比如，当涉及下一轮融资时，法务团队会帮助创业者仔细审核风险投资（venture capital，VC）提出的条款；当遇到知识产权（intellectual property，IP）纠纷时，法务团队会及时帮助解决；当碰到私有化或者修改各种协议、章程以及董事会构成等重大问题时，法务团队都会给出专业意见。

4 铂涛集团的“RICE”管控模式

随着中国经济发展和消费升级，以7天、如家、汉庭为代表的经济型连锁酒店已经越来越难以满足消费者的需求，市场催生了国内中端酒店的发展。麦肯锡咨询2013年的一份研究报告宣称：在中国，中端酒店将迎来发展拐点。预计未来5年内，中国中端酒店每年将以高出经济型酒店6%的速度增长，国内中端酒店将迎来快速发展期。于是，国内连锁酒店“前三甲”的如家集团、铂涛集团、华住集团先后创立自己的中端品牌酒店，展开新一轮的市场竞争。

铂涛集团于2013年先后推出麗枫酒店、喆啡酒店、希岸酒店、潮漫酒店这4个创业性质的中端品牌酒店，以及希尔顿·欢朋酒店这个创新中端品牌酒店。除希尔顿·欢朋是与希尔顿酒店集团合作之外，其他4个创业性质的中端品牌酒店全部采用创业公司形式。其中，铂涛集团持股60%，创业团队和集团高管团队分别持股20%。为了加强对5个创新创业公司的管理，铂涛集团成立了品质生活事业群。品质生活事业群由事业群总裁、酒店技术专家、酒店运营专家和市场研究专家4个人组成，采用“RICE”管控模式对上述5个创新创业公司进行管理，具体内容包括：

其一，市场研究（Researching）。通过研究中端酒店市场的发展趋势与竞争对手的经营状况，品质生活事业群判断5个创新创业公司的管理团队对市场的驾驭能力。研究内容涵盖：行业市场的成长性；竞争对手的开发速度、开发策略；RevPAR（每间可销售客房收入）、OCC（入住率）以及ADR（已售客房平均房价）等数据。综合上述研究结果，以了解5个创新创业公司的经营策略和决策效果，以及它们的发展状况等。

其二，健康体检（Inspecting）。品质生活事业群每个季度都要对5个创新创业公司进行健康体检，以诊断每个创新创业公司是否存在经营问题和管理隐患，以便及时提出预警。健康体检不仅仅是5个创新创业公司可视化图表和财务数据的呈现，更重要的是能够揭露出图表和数据背后的经营管理问题。健康体检内容包括：创新创业公司的产品力、营销力、组织力、文化力以及盈利能力等。

其三，企业教练（Coaching）。企业的市场环境每天都在变化，各种新技术和新知识的应用日新月异，传统的工作模式已经无法解决企业每天碰到的新问题，传统的管理方法已经无法提升企业的竞争力，于是，在20世纪80年代后期的美国，企业教练应运而生。对于创新创业公司而言，企业教练同样十分重要。针对体检中发现的问题，品质生活事业群需要在产品设计、市场开拓、酒店运营、品牌传播、成本管理、人力资源、内部管控等方面提供教练服务，为5个创新创业公司赋能。

其四，CEO胜任力评估（Estimating）。综合市场研究、健康体检以及企业教练情况，品质生活事业群需要对5个创新创业公司CEO的胜任能力进行评估。CEO的胜任力包含但不仅限于：领导力、管理能力、市场洞察力、捕捉机会能力、快速学习能力、胆识与魄力、基于结果导向的执行力，等等。一旦发现CEO不称职，品质生活事业群需要向董事会提出更换CEO的请求，然后，寻找合适的替代人选。

虽然CEO是创业公司的灵魂人物，对于创业公司来说非常重要，但是，更换创业公司CEO并不一定是件坏事。相关研究表明：创业公司在取得C轮融资之后，有超过50%的CEO被替换。其中自愿请辞的CEO较少，70%以上是由董事会和投资人要求更换的。一份关于创业公司CEO任职情况的调查（见表18）发现，创业公司在初期基本上都是由创始人担任CEO，但是，随着创业公司不断发展壮大，那些不能适应创业公司发展的CEO将不得不退出。据估计，能够坚持到创业公司成功上市的CEO不足20%。

表18　创业公司CEO更换情况

更换CEO次数	初期	A轮	B轮	C轮	D轮
换两次CEO	0%	6%	9%	17%	23%
换一次CEO	0%	19%	29%	35%	38%
创始人担任CEO	100%	75%	62%	48%	39%

【数据来源】诺姆·沃瑟曼：《创业者的窘境》，华中科技大学出版社2017年版。

铂涛集团5个创新创业公司取得了巨大成功。除潮漫酒店发展速度不太理想外，其他4个中端品牌酒店全部在3年内实现了盈利，创新创业公司的成功率达到80%。统计数据显示：截至2021年12月30日，铂涛集团5个中端品牌酒店在营店数量之和，比全季酒店多345家（见表19），超出全季酒店31.2%。铂涛集团5个中端品牌酒店在营房间数量之和，比全季酒店多10356间，超出全季酒店8.3%。如果仅从发展速度和酒店规模的角度来看，铂涛集团无疑是成功的。要知道，铂涛集团5个中端品牌酒店的平均上市时间比全季酒店晚3.5年。

铂涛集团5个创新创业公司的成功，有以下5个方面的原因：其一，及时抓住了中端品牌酒店快速发展的窗口期。铂涛集团邀请麦肯锡咨询公司就中端品牌酒店市场进行咨询，以确认市场机会的存在及进入的时机。其二，实施股权激励机制，极大地激发了创业团队的主动性、积极性和创造性。其三，铂涛集团的全面赋能，尤其是投资拓展团队以及与7天连锁酒店一起成长起来的合作伙伴，成为5个创新创业公司的重要资源。其四，铂涛集团联合创始人郑南雁作为酒店行业资深的创新创业家，在发展战略把控、中端品牌定位、创业团队组建等方面发挥了举足轻重的作用。其五，采用“RICE”管控模式，及时提醒各个团队存在的问题并指出改进的方向，做到“放而不乱、管而不死”，提高了创新创业公司的成功率。

表19　铂涛集团五个中端酒店品牌与竞争品牌的比较

酒店集团名称	酒店品牌	在营店数	在营房间数	开业时间
铂涛集团	麗枫酒店	657	63356	2013年7月
	喆啡酒店	281	21636	2013年7月
	潮漫酒店	49	3307	2013年7月
	希岸酒店	304	20557	2014年7月
	希尔顿·欢朋酒店	159	26500	2014年10月
	合计	1450	135356	—
华住集团	全季酒店	1105	125000	2010年1月

【数据来源】华顾咨询整理。

企业生命周期理论的创立者、美国爱迪思研究院的伊查克·爱迪思（Ichak Adizes）博士将企业的生命周期划分为四个阶段：投入期、成长期、成熟期和衰退期。其中，投入期包含孕育期、婴儿期、学步期、青春期等。毫无疑问，创业公司属于企业的投入期，对于创业公司的管理与对于婴幼儿的管理是一个道理。不同的创业公司需要不同的管控方法，就像不同的婴幼儿需要不同的育儿方法一样，很难有一个统一的标准。因此，对于创业公司的管控不能简单化、模式化。管理者需要具体情况，具体分析，然后制订具体对策。

参考文献

［1］毛蕴诗，施卓敏．公司重构与竞争优势［M］．广州：广东人民出版社，2000.

［2］毛蕴诗．全球公司重构：案例研究与中国企业战略重组［M］．大连：东北财经大学出版社，2004.

［3］毛蕴诗，吴瑶．中国企业转型升级［M］．广州：中山大学出版社，2009.

［4］彭玉冰．企业再造：中国企业并购后整合七大策略［M］．广州：中山大学出版社，2006.

［5］彭玉冰，戴勇．中国企业购并中的文化冲突与整合［J］．学术研究，2005（8）.

［6］柯林斯．从优秀带卓越［M］．北京：中信出版社，2002.

［7］柯林斯，波勒斯．基业长青［M］．北京：中信出版社，2002.

［8］沃瑟曼．创业者的窘境［M］．武汉：华中科技大学出版社，2017.

［9］克里斯坦森．创新者的窘境［M］．北京：中信出版社，2019.

［10］里德利．创新的起源［M］．北京：机械工业出版社，2021.

［11］赫里斯 D R，彼得斯 P P，谢泼德 D A．创业学［M］．北

京：机械工业出版社，2017.

［12］建筑材料工业信息中心. 建材工业智能制造数据转型案例［M］. 北京：电子工业出版社，2023.

［13］Zook C，Allen J. Reigniting Growth［J］. Harvard Business Review，2016，March.

［14］祖克，艾伦. 只需三步：重启公司增长引擎［J］. 哈佛商业评论（中文版），2016，3.

［15］郭丽娟，刘佳. 美国产业集群创新生态系统运行机制及其启示：以硅谷为例［J］. 科技管理研究，2020（19）.

［16］高菲，琼斯. 公司精神：决定成败的四种企业文化［M］. 林涞如，译. 哈尔滨：哈尔滨出版社，2003.

［17］德鲁克. 21世纪的管理挑战［M］. 北京：机械工业出版社，2006.

［18］德鲁克. 管理的实践［M］. 北京：机械工业出版社，2006.

［19］德鲁克. 创新与企业家精神［M］. 北京：机械工业出版社，2018.

［20］特劳特. 什么是战略［M］. 北京：机械工业出版社，2018.

［21］里斯，特劳特. 定位［M］. 北京：机械工业出版社，2020.

［22］杜什尼茨基，余雷，路江涌. 公司创业投资：文献述评与研究展望［J］. 管理世界，2021，37（7）.

［23］田恒. 中国企业多元化经营的绩效及影响因素研究［D］. 湖北：武汉大学，2015.

[24] 陈佳贵. 关于企业生命周期与企业蜕变的探讨 [J]. 中国工业经济，1995（11）.

[25] 李旭峰. 宏达电：智能手机竞技场的一匹“黑马” [J]. 海峡科技与产业，2013（7）.

[26] 何宛芳. HTC崛起路 [J]. IT经理世界，2011（11）.

[27] 俞铁成. 2019中国多元化企业集团崩盘启示录 [EB/OL]. （2023-04-24） [2019-12-25]. https://finance.sina.com.cn/stock/stockzmt/2019-12-25/doc-iihnzhfz8095419.shtml.

[28] 刘向暖. 浅析我国企业多元化经营存在的问题及对策 [J]. 经济师，2010（6）.

[29] 蔡承彬. “制造强国”之路：推动制造业向服务型制造转型发展 [EB/OL]. （2023-04-24） [2022-04-27]. http://gxt.shaanxi.gov.cn/zcfgjd/77356.jhtml.

[30] 张泰. 美国创新生态系统启示录 [M]. 中国经济周刊，2017.

[31] 陈依元. 论经济文化与经济文化力 [J]. 宁波大学学报，1999（3）.

[32] 郭士纳. 谁说大象不能跳舞 [M]. 北京：中信出版社，2003.

[33] 韩凤朝. 美日韩大企业的多元化经营 [J]. 国内外经济管理，1999（10）.

[34] 吴奇，申寻兵，傅小兰. 微表情研究及其应用 [J]. 心理科学进展，2010，18（9）.

[35] 田家青. 和王世襄先生在一起的日子 [M]. 北京：生活·读书·新知三联书店，2014.

［36］姜振宇. 微表情［M］. 北京：中国友谊出版公司，2020.

［37］刘伟. 肢体语言：比说话更有效的沟通技巧［M］. 北京：中国时代经济出版社，2007.

［38］赵剑波，覃毅，邓洲. 服务型制造，渐成新型产业形态［J］. 中国中小企业，2016（8）.

［39］丁平. 全球价值链下中国制造业转型升级的路径及策略研究［D］. 南京：南京大学，2014.

［40］刘熹微. 创建“创新生态系统”［J］. 哈佛商业评论（中文版），2014，4.

［41］蒋春燕，孙秀丽. 公司创业研究综述［J］. 中大管理研究，2013，8（1）.

［42］薛红志，张玉利. 公司创业研究评述：国外创业研究新进展［J］. 外国经济与管理，2003（11）.

后　记

一个念头的萌生

2016年，我在《哈佛商业评论》（中文版）上读到克里斯·祖克（Chris Zook）和詹姆斯·艾伦（James Allen）联名发表的文章——《只需三步：重启公司增长引擎》（“Reigniting Growth”）。读罢我便萌生出写这本书的想法，一是因为这篇文章过于概念化，无法指导失速企业的具体实践；二是因为我从事集团公司运营管理工作多年以来，大部分时间都是在与失速企业打交道，我不仅对重启增长引擎有过深入思考，而且已经在实践中总结出一套被证明是行之有效的系统解决方案，可以真正帮助失速企业走出困局。

同年，我在主持智通人才集团管理咨询项目过程中，我的好朋友、智通人才集团副总裁李阳月告诉我，东莞很多制造企业都面临增长的压力，增长也是很多中国企业共同面临的痛点问题。他建议我写一本关于重启增长引擎方面的书，把我多年以来在此领域的成功经验写出来，为解决众多中国企业的增长之痛输出一套解决方案；或者帮助更多失速企业走出经营困局，实现可持续发展。李总的建议不仅是他对当时中国企业需求的判断，更是他对我职业生涯的了解，他知道我在重启增长引擎领域有过很多成功的实践。

拯救“失速”与赋能“倍增”

的确如此，我从业以来参与拯救的失速企业多达几十家。其中不乏像科龙电器、美菱电器、襄阳轴承、亚星客车等知名企业，它们都是当年的“时代骄子”。科龙电器曾经是家用冰箱领域的“绝对王者”，其生产的“容声”牌冰箱是家喻户晓的明星产品，长达11年位居中国冰箱销量第一；美菱电器是安徽省第一家上市公司，“美菱”冰箱与科龙的“容声”冰箱曾经一起位于中国冰箱行业的“四大天王”之列；襄阳汽车轴承股份有限公司始建于1968年，是中国第四个五年计划期间国家投资1.2亿元建设的、专为中国汽车制造配套轴承的国家重点项目，是中国汽车轴承行业的第一家上市公司；亚星客车曾经是中国客车行业的翘楚，其一年的产销量是其后面的6家企业产销量的总和。

令人遗憾的是，这4家优秀的行业头部企业都先后遭遇失速危机。本世纪之初，这4家企业因为严重失速先后被格林柯尔公司并购，我以并购整合专家的身份参与并主导它们并购后的管理整合工作。经过6个月的管理整合，它们全部在并购当年实现扭亏为盈，我将并购管理整合经验总结成了我的博士后出站报告，并出版成书《企业再造——中国企业并购后整合七大策略》（中山大学出版社，2006年），我早已开始“把论文写在祖国大地上”。

此外，我在企业管理工作中一直没有放弃对管理理论的学习研究，这不仅因为我是学者出身，更因为企业管理实践离不开理论指导。尤其是我后来服务的企业都或多或少地涉及失速业务的发展问题，我将并购管理整合的部分方法应用于失速业务的重启增长引擎中，经过不断完善，最终形成了重启增长引擎的系统解决方案。

2017年，我与智通人才集团联合创立广州华顾企业管理咨询有限公司，专注于为失速企业重启增长引擎提供解决方案，其中也包括组织、薪酬与绩效等人力资源咨询服务。2017年初，正好赶上东莞市政府实施重点企业规模与效益“倍增计划”，东莞市政府当年在全市选择200家试点企业，通过全面梳理企业发展需求、靶向配置要素供给，精准施策，力争试点企业于“十三五”期间实现规模与效益倍增，整体带动面上存量企业的倍增。华顾咨询公司有幸参与了其中部分企业的业绩倍增咨询，经过华顾咨询公司的管理赋能，这部分企业快速实现了业绩倍增，取得了良好的经济和社会效益。至此，我更加坚信：重启增长引擎这副“药”不仅对于失速企业有效，而且对于非失速但希望业绩倍增的企业同样有效。

曲折的成书过程

2018年初，在完成前期必要的准备工作以及本书的总体架构后，我便开始动笔写作。我对这本书的定位是：既要体现管理思想与体系，又要有解决问题的思路和方法，还要有实用性和可读性。我希望这本书不是纯理论讲学般的晦涩难懂，也不是现象与问题的简单罗列，它应该是用专业的管理视角分析问题并给出解决方案。我写这本书碰到的第一个问题是写作时间不够用，因为我大部分时间都是在企业从事咨询工作，故此，我只能利用夜晚及周末时间写作；第二个问题是研究资料匮乏，我便回到母校中山大学的图书馆查阅文献，解决了研究资料问题。本书初稿于2020年底完成，花费了我整整3年时间。由于我对初稿中的企业案例内容不太满意，所以书稿一直处于修改之中。

2021年3月，我接受广东东升控股集团有限公司总裁赖志光、执行总裁王海榕夫妇的邀请，重新披甲上阵，出任东升控股集团的联席总裁。亦如21年前的3月，科龙集团将我由其管理顾问变成人力资源总监一样。日常工作事务多了，书稿修改工作就此被搁置下来。2023年初，华顾咨询安徽分公司总经理张军先生主动请缨帮我修改企业案例，让我喜出望外。也许是他期待这本书太久的缘故，经他修改过的企业案例超出了我的期望，我非常满意并同意最终定稿。这本书在历经“八年抗战”之后终于可以面世了。

感恩与铭记

在本书即将付梓之际，首先，我要衷心感谢我的博士生导师、中国人民大学商学院李宝山教授，以及我的博士后合作导师、中山大学管理学院毛蕴诗教授，没有两位恩师的悉心栽培，便不会有我今天的管理视野和研究能力。同时，我还要真诚地感谢我所服务企业的老板和领导，如果没有他们为我提供企业管理的实战机会，即便我有再好的管理思路，也终将难以使之成为有价值的管理方法。正是在这些企业的“一亩三分地”里，我才有机会不断地完善我的管理方法并最终成就这本书。他们分别是：科龙集团第二任董事长兼总裁王国端先生，科龙集团第三任董事长兼总裁徐铁峰先生，科龙集团副总裁黄小池女士，科龙集团党委书记李振华先生，科龙集团第四任董事长兼总裁、原海信集团副总裁汤业国先生，科龙集团第五任董事长、原格林柯尔董事长顾雏军先生，立白集团董事长陈凯旋先生、副董事长陈凯臣先生，正邦集团董事长兼总裁林印孙先生，铂涛集团联合创始人郑南雁先生，以及广东东升控股集团有限公司总裁赖志光先生、执行总裁王海榕女士。

郑南雁先生是中国酒店行业资深的创新创业家，在酒店业界拥有较高的知名度，我有幸在铂涛集团与他合作。他不仅创立7天连锁酒店并成功在美国纽约证券交易所上市，而且在此基础上还创立了铂涛集团及其麗枫酒店、喆啡酒店、希岸酒店、潮漫酒店等4个创业性质的中端酒店品牌，以及与希尔顿酒店集团合作的希尔顿·欢朋这个创新的酒店品牌。他在铂涛集团所推行的创新创业管理思想，完全颠覆了我之前在企业管理中形成的管理理念，我第一次感到管理创新创业公司与管理成熟企业完全不同。我作为铂涛集团品质生活事业群总裁，专注于对包括希尔顿·欢朋在内的5个创新创业公司的管理。铂涛集团这5个创新创业公司有4个获得了成功，孵化成功率达到80%。我在管理这些创新创业公司过程中总结出了行之有效的“RICE”管控模式。本书第六章的内容完全得益于我在铂涛集团这段经历中的所思、所想和所为。

最后，我要感谢南方医科大学第三附属医院陈锦华博士，中山大学岭南学院张建琦教授，合肥工业大学管理学院原院长赵慧芳教授、陈先环博士，广州工控集团副总经理刘会春先生，广东盛瑞科技股份有限公司原董事长王立新先生，襄阳汽车轴承股份有限公司董事长高少兵先生、纪委书记贾梦飞女士，广州银行原授信审批部总经理顾广彩博士，智通人才集团原董事长叶菁先生、现任董事长苏琳女士、副总裁李阳月先生，广州城市学院董谷雨老师，华顾咨询安徽分公司总经理张军先生、深圳分公司总经理苏志宏先生。当然，我还要感谢我的太太刘艺女士以及我亲爱的妈妈，是她俩无微不至地照顾我的生活，才让我在工作之余心无旁骛地专注于写作。总之，感谢一路走来所有帮助过我的人。不管是滴水之恩，还是举手之劳，抑或在关键时刻给予我援手的贵人，以及商业上的合作伙伴，我都铭记在心。不负遇见，心怀感恩，感谢大家的支持、鼓励和帮助！

2023年6月于广州珠江新城星汇园